别让
不懂教育
害了孩子

王旭东 著

民主与建设出版社
·北京·

© 民主与建设出版社，2019

图书在版编目(CIP) 数据

别让不懂教育害了孩子/ 王旭东著. —北京：民主与建设出版社，2019.1
ISBN 978-7-5139-2003-2

Ⅰ．①别… Ⅱ．①王… Ⅲ．①家庭教育
Ⅳ．① G78

中国版本图书馆CIP数据核字（2018）第 295360 号

别让不懂教育害了孩子
BIE RANG BUDONG JIAOYU HAI LE HAIZI

出 版 人	李声笑
著 者	王旭东
责任编辑	周佩芳
封面设计	李尘工作室
出版发行	民主与建设出版社有限责任公司
电 话	（010）59417747　59419778
社 址	北京市海淀区西三环中路10号望海楼E座7层
邮 编	100142
印 刷	天津中印联印务有限公司
版 次	2019年2月第1版
印 次	2019年2月第1次印刷
开 本	710 毫米×1000 毫米 1/16
印 张	14.5
字 数	220千字
书 号	ISBN 978-7-5139-2003-2
定 价	48.00元

注：如有印、装质量问题，请与出版社联系。

前言 FOREWORD

提起教育，很多父母都感慨万千，因为孩子的心灵简单稚嫩、纯粹清澈，也复杂多变，所以难倒了很多父母。毋庸置疑，每个父母都希望孩子能够健康茁壮地成长，也希望孩子能够心灵充实，人生饱满。然而，教育孩子是一项伟大而又艰难的事业，哪怕付出毕生的时间和精力，也要让自己成为合格的父母，也要培养出最优秀的孩子。这是因为作为父母是否合格并没有一定之规，也可以说每个父母都有自己的方式方法对待孩子，也因为孩子的迥然不同，所以父母在教养孩子的过程中一定要因材施教，随机应变。

为何做父母这么难呢？是因为每个孩子都是独一无二的生命个体，每个父母都竭尽所能想给孩子最好的教育。孩子尽管是因为父母来到这个世界上，却从来不是父母的附属品，所以父母千万不要把孩子当成梦想的继承人，更不要企图控制孩子的命运。孩子从呱呱坠地开始，就要完全依赖父母的精心照顾而生存，但是他们与生俱来拥有自己的脾气秉性，他们不会一味地顺从父母，他们有自己的情绪，也会表现出喜怒哀乐。面对这样一个复杂的小人儿，很多新手父母都会感到束手无策，哪怕是已经有一个孩子的父母，面对又一个小天使来家里报到，也依然会充满新鲜。每个孩子都是不可取代且独特的，每一个父母面对孩子都要付出全心全意，也要与时俱进。当父母的经验不可复制，这是父母毕生的最大特点和魅力所在。

二 别让不懂教育害了孩子

对于孩子的教育问题从来不会让父母觉得轻松，如何才能把孩子教育得更好呢？不得不遗憾地说，世上根本没有任何教育模板可以套用。当我们羡慕别人家的孩子，并把别人家的教育经验完全照搬过来时，就会发现对自己家的孩子并不适用，这就像把南方的橘子树移植到北方，橘子的味道就会变得截然不同。所以父母会针对自家孩子的情况，有的放矢、因材施教，总结出合适的教育方针与方式、方法。正如人们常说的，鞋子是否合脚，只有脚知道。那么，每个孩子不同，每个父母不同，每个家庭的基本情况也不同，教育方式是否合适，也只有父母和孩子经过磨合才能知道。作为父母，一定要把握好教育孩子的唯一原则，孩子是人，不是物件，更不是神仙。不管是怎样的教育，也不管效果如何，适度且对孩子适宜的，就是好的教育。

作为父母，如果不懂如何教育孩子，千万不要不懂装懂。否则不但害了孩子，也会让自己成为失败的父母。哪怕选择带着懵懂无知和孩子一起成长，也不要假装是教育的行家对孩子颐指气使。记住，作为父母，你只是一个新手，有经验可以借鉴，却没有模式可以照搬。因而要有空杯心态努力学习，砥砺前行，也要怀着一颗赤子之心引导孩子，陪伴孩子成长。

目 录
CONTENTS

第一章 好关系，成就好教育 / 1

    1. 小婴儿，需要建立安全感 / 2

    2. 孩子会被宠坏吗 / 4

    3. 妈妈太强势，孩子变怯懦 / 6

    4. 孩子为何更"黏"爸爸 / 9

    5. 对待孩子，放养还是圈养 / 11

    6. 小心隔代亲的宠溺 / 13

    7. 有了老二，如何对待老大 / 16

第二章 良好的情绪，源于爱与自由 / 19

    1. 真正的爱，是无私的 / 20

    2. 让孩子感受到被信任 / 22

    3. 倾听，是对孩子基本的尊重 / 24

    4. 情绪如流水，宜疏不宜堵 / 26

    5. 面对孩子的"起床气" / 28

    6. 孩子也有情绪周期 / 31

    7. 任性的孩子伤不起 / 33

    8. 如何缓解孩子的分离焦虑 / 35

    9. 给孩子说"不"的权利 / 37

    10. 为孩子按下"暂停键" / 39

第三章 和善而坚定地教养，让孩子养成好习惯 / 41

    1. 专注，让孩子成就未来 / 42

2. 放手，让孩子更加独立 / 44
3. 饿了，孩子才会吃得更香 / 46
4. 父母大手大脚，孩子不知节约 / 48
5. 财商，应该从小培养 / 50
6. 写作业拖拖拉拉为什么 / 52
7. 分享，让孩子收获友谊 / 55
8. 拖延，是一种消极的反抗 / 57
9. 不强迫，让孩子自己做主 / 59

第四章 优秀的品质，让孩子的人生"高大上" / 61

1. 诚实的人，勇于承担责任 / 62
2. 与人为善，于己为善 / 64
3. 坚定不移地做自己，不当"小好人" / 66
4. 做一棵向日葵，永远向着太阳 / 68
5. 尊重，让孩子更自尊 / 70
6. 自信，让孩子的人生扬帆起航 / 72
7. 坚持，才能笑到最后 / 74
8. 勇敢，让孩子远离胆怯 / 76

第五章 和谐的家庭氛围，让孩子拥有成长的广阔天地 / 79

1. 爱，不是溺爱 / 80
2. 接纳自己，接纳孩子 / 82
3. 人前不教子，孩子也有自尊心 / 84
4. 爸爸和妈妈，到底该听谁的 / 86
5. 尊重，才能激发孩子的谈兴 / 88
6. 鼓励，比赞美与表扬更重要 / 90
7. 学会放手，要"断奶"的不只是孩子 / 92
8. "懒惰"的父母，才能培养出勤快的孩子 / 94
9. 比较为何会让孩子歇斯底里 / 96
10. 消除代沟，让沟通更顺畅 / 98

第六章 任何时候，都对世界充满爱与感恩 / 101

1. 孩子为何成为"白眼狼" / 102

2. 子不嫌母丑，狗不嫌家贫 / 104

3. 孩子，是父母的镜子 / 106

4. 妈妈，我爱你 / 108

5. 把爱的讯息传递给孩子 / 110

6. 关爱，让孩子远离冷漠 / 113

7. 享受孩子的爱，让孩子养成爱你的习惯 / 115

第七章 没有规矩，不成方圆——规范孩子的人生 / 117

1. 孩子，是最不该被原谅的 / 118

2. 遵守规矩，给孩子树立正确的榜样 / 120

3. 树立规矩，越早越好 / 122

4. 对不守规矩的孩子冷处理 / 124

5. 和善坚定，不破坏规矩 / 126

6. 父母要成为同一个战壕的"战友" / 128

7. 奖励与惩罚并不矛盾 / 130

第八章 激发孩子对阅读和学习的兴趣，让孩子心灵充实 / 133

1. 阅读，应从娃娃抓起 / 134

2. 书香世家，为孩子营造阅读氛围 / 136

3. 亲子互动，让孩子远离电子产品 / 138

4. 兴趣，是最好的老师 / 140

5. 让孩子在大自然中自由成长 / 142

6. 物质奖励，一定要适度 / 144

7. 保护孩子的好奇心和探索欲 / 147

第九章 良好的人际关系，助力孩子迈出走向社会的第一步 / 151

1. 该不该与陌生人说话 / 152

2. 不要过度干涉孩子交朋友 / 154

3. 打回去，到底好不好 / 156

4. 父母是否应该介入孩子之间的纠纷 / 158

5. 帮助孩子建立正确的竞争观 / 161

6. 宽容，是对朋友的善待 / 162

7. 尊重孩子的朋友 / 164

第十章 教养孩子，父母不可不知的敏感期 / 167

    1. 妈妈，你走错路了 / 168

    2. 小家伙最爱走不平路 / 170

    3. 妈妈，我要和爸爸结婚 / 172

    4. 让人崩溃的十万个为什么 / 174

    5. 奶奶，这是我的朋友 / 176

    6. 我觉得这个更漂亮 / 177

    7. 你这个可恶的家伙 / 179

    8. 这是我的，不是你的 / 181

第十一章 面对叛逆的孩子，明智的父母从不抓狂 / 185

    1. 除了学习，你与孩子还有话题 / 186

    2. 让孩子当一次小老师 / 189

    3. 角色互换，给孩子当家长的机会 / 190

    4. 不催促，孩子才能更主动 / 193

    5. 父母当监工，孩子更偷懒 / 195

    6. 厌学有理，你知道吗 / 198

    7. 为何父母子女之间"一夜成仇" / 200

第十二章 教育孩子，要避开这些坑人的陷阱 / 203

    1. 人生真的有起跑线吗 / 204

    2. 左撇子到底用不用纠正 / 206

    3. 亲子班非上不可吗 / 208

    4. 测智商就能预知孩子未来吗 / 210

    5. 补习班的作用到底几何 / 212

    6. 你能坚持不给老师送礼吗 / 214

    7. 作业不是万恶之源 / 217

    8. 有多少父母迷信延迟满足 / 219

后记：每个孩子都会带给你全新的体验 / 223

第一章 好关系，成就好教育

小小婴儿从呱呱坠地地来到这个世界上，最先接触到的就是家庭关系，而且家庭关系也营造和决定了他们的成长与生存环境。从本质上而言，整个世界就是一张巨大的关系网，每个人唯有适应这个网络，才能更好地生存，孩子也不例外。作为父母，只有经营好家庭关系，才能给予孩子良好的教育；只有经营好与孩子之间的关系，才能更好地承担作为孩子成长陪伴者的角色。

1. 小婴儿，需要建立安全感

才出生三个月的哲哲最近总是哭闹，似乎内心充满了焦虑，所以哭声总是一声紧似一声。妈妈一看到哲哲哭，自己也要哭出来，作为新手妈妈的她月子里还有父母帮忙，如今父母也回去了，所以她一个人侍弄哲哲，简直手忙脚乱，不知所措。有一次，哲哲足足哭了半个小时，妈妈一开始谨遵育儿书上的理论，坚决不抱起哲哲，但是十几分钟后看到哲哲的小脸哭得通红，皱皱巴巴就像一个可怜的小老头，不免心疼起哲哲，思来想去，才一咬牙抱起哲哲，把育儿专家所说的"总是抱孩子会惯坏孩子"等理论完全抛诸脑后。

虽然被妈妈抱起，感受着妈妈温暖安全的怀抱，但是哲哲依然不依不饶地哭个没完。在哲哲一声紧似一声的哭声催促下，妈妈只好抱着哲哲轻轻地走动，小心翼翼地摇晃。又过去十几分钟，哲哲的情绪才渐渐平稳下去，哭声也渐渐停息。妈妈不知道到底怎么了，也不知道自己哪里做错了，因为哲哲在月子里一直很好带，吃饱了睡觉，睡饱了吃奶，有时候还会咿咿呀呀自己和自己玩会儿呢。怎么现在月龄越来越大，反而还难带了呢？妈妈决定咨询一下专门学习儿童心理学的高中同学，而不要再迷信育儿书上的教条主义了。等到哲哲再次入睡，妈妈当即拿起电话给同学打了过去。听完哲哲妈妈说的有关哲哲的情况，同学不由得笑起来，说："你们这些新手妈妈啊，真的应该学学儿童心理学，这也是对孩子的成长负责。孩子才3个多月，哪里就会被惯坏了，他们正处于建立安全感的特殊时期，父母即使再怎么疼爱他们，怀抱他们，也是不为过的呀。你啊，非要等到孩子哭得岔气了才抱起孩子，难怪孩子会生气，哭个没完没了呢！"妈妈很惊讶："难道我应该随时随地抱起他吗？"同学斩钉截铁地说："当然，只要他需要。"后来，妈妈一旦看到哲哲想要妈妈抱，或者不想继续躺着了，或者想和妈妈玩了，她都会第一时间抱起哲哲。果然，哲哲越来越依赖妈妈的怀抱，而且建立了安全感，哪怕情绪紧张时，只要进入妈妈的怀抱，就会恢复平静，保持心情愉悦。

婴儿刚刚出生的那个月，主要以生理上的需求为主，每天最重要的任务就是满足吃喝拉撒睡的需求，尤其是睡眠占据了他们大部分的时间。随着婴儿不断成长，满月之后会有特别大的变化，这种变化不仅仅局限于婴儿的生理，也表现在婴儿的内心需求不断增长上面。例如，婴儿开始尝试着感受父母，他们的视力尽管发育还不完善，但是已经能够依稀看到父母的模样。他们的内心需求也开始渐渐增长，不愿意继续停留在吃喝拉撒睡的方面，而且也渴望与父母亲近，更加近距离与父母建立彼此的亲近感和深厚感情。总而言之，婴儿正处于建立安全感的特殊时期，父母一定不要迷信育儿书所说的惯坏婴儿的理论，也不要刻意疏远婴儿，否则就会导致婴儿内心焦虑不安，也因此而缺乏安全感。

> 对于婴儿来说，父母是他们降临人世之初唯一的依靠和值得信赖的人，因而形成对父母的安全感，对于他们的成长至关重要，也将会影响他们对整个世界的感知和印象。作为父母，对于襁褓期的婴儿，最重要的不是疏离，也不是培养婴儿的独立性，而是要竭尽全力给予婴儿安全感，在婴儿需要的时候马上毫无保留地付出。

试想，如果一个孩子连最基本的安全感都没有，又如何能够真正走向独立呢？对于每一个父母而言，养育孩子最重要的是给孩子安全感，然后才能谈及对孩子其他方面优秀品质的培养。

越是年幼的孩子越是需要安全感，对于婴儿来说，父母给予他们多少次深情的怀抱，给予他们多少疼爱，都是不为过的。只有良好的亲子关系，才能让孩子发自内心地信任父母，也才能让孩子真正依赖父母。作为父母，也许会因为各方面的原因导致不能满足孩子全方位的需求，但是一定要记住，无论工作多忙，无论家庭生活多么艰难，都要尽量抽出时间陪伴孩子。毕竟孩子的成长过程是不可逆的，一旦错过，再也不会重新来过。生命中，有很多东西都值得人们珍惜，而陪伴孩子成长的机会是值得每一个父母珍惜的。

2. 孩子会被宠坏吗

最近，豆豆对妈妈简直达到了"不离不弃"的地步。不管妈妈去哪里，也不管妈妈做什么事情，她都跟在妈妈身边，就连妈妈上厕所，她也总是站在马桶旁边盯着妈妈。妈妈有些气急败坏，质问豆豆："豆豆，难道你不想玩玩具吗？或者你去看动画片也好啊，你不嫌弃厕所很臭吗？"豆豆目不转睛地看着妈妈，满脸伤心地问："妈妈，你不爱我了吗？"看着豆豆委屈的小脸，妈妈不由得心疼起来，因而把豆豆拥抱在怀里，说："妈妈当然爱豆豆啦，豆豆是妈妈的小宝贝，妈妈最爱豆豆了。"豆豆这才转忧为喜，妈妈继续说："豆豆，你去玩玩具，妈妈上完厕所就去陪你一起玩玩具，好不好？"豆豆想了想，说："妈妈，那我在厕所门口等你吧，这样就不影响你拉臭臭了。"妈妈哭笑不得，只好由着豆豆在厕所门口等着。每隔一会儿，豆豆就喊妈妈一声，听到妈妈的回答，她才放心。

其实，豆豆之前不是这样的，而她之所以表现这么反常，就是因为妈妈在豆豆过完三岁生日后，突然决定要对豆豆从严管理。原本很宠爱豆豆的妈妈，开始严格要求豆豆，这让小小年纪的豆豆很不适应，而且她根本无法区分妈妈的爱会有很多种表达方式，因而认定妈妈不爱她了。为此，豆豆变得很焦虑，为了重新找回妈妈的爱，她每天都黏着妈妈，不愿意离开妈妈片刻。

原本，妈妈的爱为豆豆建立了安全感，也让豆豆知道自己很幸福。然而妈妈突然间决定在豆豆过完三岁生日之后对豆豆从严要求，别说是孩子了，即使是成人，如果毫无心理准备就得到截然不同的对待，在感情上也无法接受。在家庭教养中，很多父母都意识到不能过分娇宠孩子，这样的认知当然没有错，但是严格管理孩子应该是循序渐进的过程，而不是突然间转变，否则会给孩子带来巨大的心理不适感。

上述事例中的豆豆才三岁，对她而言肯定是感性大于理性的。所以尽管从妈妈的立场上知道是要严格要求豆豆，避免把豆豆惯坏，而从豆豆的立场上来说，她的唯一理解就是妈妈不爱她了。孩子在小时候，家庭生活就是她的全部，父母也是她整个世界里最重要且最值得信任和依赖的人。一旦意识到父母不爱他们，可想而知他们的内心多么焦虑不安，甚至觉得整个世界都改变了。因而父母一定要纠正自己走向极端的认知，既要知道应该严格管教孩子，不要过分宠溺孩子，也要考虑到孩子的心理状态和承受能力。因而给予孩子系统的教育，也要随着孩子年龄的增长，循序渐进地改变对孩子的教育方式。像上述事例中豆豆妈妈这样突然变脸式的教育，不但使孩子无法承受，更会让孩子无所适从，导致心理上出现严重的负面影响。

> 对于父母的爱，孩子总是索求无度的，这是因为父母的爱是年幼孩子的唯一。从这个角度而言，父母尽管不能溺爱孩子，但是却要让孩子时刻感受到来自父母的爱，也要让孩子确信父母的爱总是满满的。唯有如此，孩子才能建立安全感，也才能在父母的爱中爱上这个世界，爱上这个世界的所有生命，爱上身边的一切人和事。

3．妈妈太强势，孩子变怯懦

襁褓时期的乐乐是个很爱笑的孩子，胖乎乎的他每天都笑眯眯的，人见人爱。负责带乐乐的姥姥总是说："乐乐的心情多好啊，所以才每天都笑，比起总是爱哭的孩子，乐乐多么讨人喜欢。"然而，随着乐乐渐渐地长大，他变得越来越不爱笑了，到了两岁的时候，他的情绪表现得很暴躁，有的时候甚至还会自己打自己。

一岁之后，乐乐是妈妈亲自带的，原本妈妈觉得姥姥总是溺爱乐乐，因而想要亲自带乐乐，从而给予乐乐更好的教育和引导。她也不知道为何乐乐的脾气越来越差，更不知道自己到底哪里做错了。一个周末，妈妈带着乐乐去看望姥姥，到了姥姥家里，乐乐想吃薯片，妈妈却坚决制止，并且厉声呵斥乐乐:"你是不是想变成个小傻瓜,薯片里有铅,吃多了会让人变笨。而且薯片是油炸的垃圾食品,你本来就是个小胖子,难道还想更胖吗?"在妈妈的厉声呵斥下,乐乐不知所措,伤心地哭起来。姥姥看到乐乐这样很心疼,因而对妈妈说:"我给他买的这个薯片不是油炸的。孩子想吃,就让他吃一点儿吧。"不想,妈妈还是不依不饶:"不行,绝对不行!"这时才两岁的乐乐突然对着自己的脸扇起大耳光,边哭边说:"我不吃薯片了,我再也不吃薯片了,我死也不吃薯片了。"姥姥被吓到了,妈妈却制止姥姥安抚乐乐,而是冷漠地对乐乐说:"你不怕疼就自己打自己吧,妈妈不会制止你的。"最终,乐乐哭了很久,哭累了,就睡着了,连午饭都没吃。

趁着乐乐睡着的工夫,姥姥语重心长地对妈妈说:"妮妮啊,你小时候,爸爸妈妈可不是这么教育你的。"妈妈不以为然:"我小时候也没有这么顽皮淘气,让人闹心啊!"姥姥说:"你听说过哪个孩子是让父母省心的啊。但是,你绝对不能这么对待自己的孩子。乐乐才这么小,居然自己打自己,你不觉得是你的强势,让他积压了太多负面情绪无处发泄导致的吗?!孩子的成长很重要,会影响他一生的性格养成。妈妈建议你要学习,如果你不愿意听妈妈的,觉得妈妈老了,观念落后,那么妈妈建议你咨询专业人士,这样才不会在养育孩子的过程中犯下不可弥补的错误。"尽管妈妈并不完全认可姥姥的话,但她还是陷入了沉思。她想到乐乐最近的情绪的确很脆弱,总是爱哭泣,而且遇到小小的不如意就会自己打自己,也许真的是缺乏表达的通道。

上述事例中,孩子在遇到不能解决的难题时除了哭泣,只会自己打自己,这并不能说全是由孩子的性格造成的,而是孩子在性格养成的过程中遇到了难以逾越的障碍,导致了自己情绪的崩溃。事例中姥姥说得很对,

妈妈的强势，使得乐乐变得越来越怯懦，只能采取消极抵抗的方式面对妈妈。如果妈妈不能及时改正，那么一旦错过孩子性格养成的最佳时机，乐乐的性格就会基本成型，变成真正胆小怯懦的人，到那时父母就追悔莫及了。

在孩子的成长历程中，妈妈是对他而言最重要的人。在十月怀胎时，孩子就与妈妈亲密接触，尤其是在孕后期，孩子每天都能感受到妈妈的呼吸和心态，也能感受到妈妈的情绪变化。等到出生之后，妈妈又辛勤地哺乳孩子，相比起爸爸，妈妈与孩子的关系更亲密，接触的时间也更长。尤其是在很多家庭中，通常都是男主外、女主内的模式，这也使得妈妈对于孩子的成长关注和投入得更多。正因为如此，人们才说妈妈是孩子的第一任老师，好妈妈胜过好老师。然而，一旦妈妈性格强势，在对待孩子时不知不觉就表现出咄咄逼人，也不愿意给予孩子更多的倾听与理解，那么必然影响孩子的性格养成和健康成长。

对于新装修的房子，大家都能意识到各种装修材料和家具中散发出来的甲醛对人体健康是致命的伤害，因而会主动开窗通风，尽量让难闻的气味散发出去，从而保证全家人身体健康。如果把妈妈的强势比作家中弥漫的甲醛，那么同样会对孩子的健康成长形成致命的伤害。**或许有人会对这个比喻表示震惊：怎么能这么形容妈妈的强势呢？**虽然强势不好，但是也不会导致这么严重的后果吧？这是大多数人心中都会产生的困惑，然而事实告诉我们，妈妈的强势的确会给孩子的健康成长带来负面影响。作为妈妈，一旦意识到孩子变得怯懦，就要反思自己的教养方式，也要反思自己在生活中是否有某些过于强势的表现，进而做到有的放矢地教育孩子。妈妈教养孩子的方式是对孩子的陪伴，有人说身教大于言传，妈妈也要更多地看重对孩子的示范作用，而不要一味地要求和强迫孩子。好妈妈不会让家里弥漫有毒的"甲醛",而是会化强势为温柔的力量,从而潜移默化地影响孩子,也真正发自内心地尊重和平等对待孩子,让孩子在爱与自由中健康成长。

4. 孩子为何更"黏"爸爸

甜甜小时候一直是由妈妈和姥姥负责带养的,然而自从爸爸前段时间休假一个月,每天都和甜甜亲密接触,甜甜明显变得开始黏爸爸了。每天她都缠着爸爸带她出去玩,就连晚上睡觉的时候,也要让爸爸陪着她才能安然入睡。甜甜为何变得如此黏爸爸呢?难道真的像人们说的那样,闺女是爸爸上辈子的小情人吗?妈妈虽然高兴甜甜喜欢和爸爸在一起,这样她就没有那么辛苦了,但是看着甜甜抱着爸爸又亲又啃,一副撒娇的样子,不免觉得有些吃醋。有一天,妈妈买了甜甜最爱吃的米糕,甜甜敷衍了事感谢了妈妈,马上拿着米糕去和爸爸一起分享,这一刻,妈妈居然妒火中烧:这个小白眼狼,是妈妈买的米糕好不好,妈妈上班那么辛苦还惦记着给你买好吃的,你却屁颠屁颠地拿去孝顺你爸爸了,哼!

在短短的时间里,甜甜就变得和爸爸那么亲昵,这让妈妈有些困惑,于是决定一探究竟,看看爸爸到底有何魅力。经过几天的观察,妈妈不由得对甜甜人小鬼大的明智选择表示服气,甚至暗暗想道:如果我是甜甜,也会选择和爸爸在一起玩。

原来,姥姥带甜甜的时候,就是一边看电视一边看着甜甜不要出什么意外就行了。而妈妈总是要等到下班后才能带甜甜,又因为身心疲惫,因

而总是对甜甜敷衍了事，不愿意陪着甜甜做游戏，充其量也就是放个动画片给甜甜看。爸爸和甜甜在一起就不同了，爸爸真的把自己当成孩子，和甜甜一起玩耍，和甜甜一起疯狂地哈哈大笑。爸爸不但讲故事给甜甜听，还和甜甜一起做游戏。尤其是晚上哄甜甜睡觉时，妈妈只会让甜甜别说话，安静地睡觉，爸爸却带着甜甜趴在窗帘的缝隙中间，数马路上经过的车辆，还会对不同的车辆品头论足。每当甜甜任性时，爸爸也不强迫甜甜，而是耐心地讲道理给甜甜听，然后尊重甜甜的选择。难怪甜甜会更黏爸爸呢！妈妈恍然大悟。

父母对于孩子的陪伴是否用心，父母对待孩子的时候能否真正尊重和平等地对待孩子，孩子都会有感觉和判断。所以当孩子更偏爱父母中的某一方时，另一个人即使吃醋，也不要盲目抱怨孩子是白眼狼，而是要从自己身上找原因，主动反思自己，才能知道自己为何得不到孩子的认可与喜爱。

所谓陪伴，并不仅仅是身体上的存在，更是心灵的契合与共鸣。孩子虽小，但是心里却能准确感知谁是真正对他（她）好的人，也知道谁是愿意和自己一起玩耍的人。当妈妈只想把孩子管教得服服帖帖，而爸爸却可能蹲下来平视孩子的眼睛，与孩子进行平等交流，并全身心地陪伴孩子玩耍时，孩子当然更愿意和爸爸在一起了。

当然，作为父母，都希望能够给孩子最好的教育和陪伴，从而让孩子健康茁壮地成长。因而不管孩子更愿意和父母中的哪一方相处，作为父母都要感到欣慰，也要大力支持。当然，如果自己也想博得孩子的认可和喜爱，那么就要主动反思自己的教育方式，并改进教育方法，从而让自己在教育和陪伴孩子方面更上一层楼。

如今，大多数家庭里只有一个孩子，因而孩子就成为父母唯一的希望和所有的寄托。因此要注意不要给孩子过大的压力，否则只能是揠苗助长，欲速则不达。而只有尊重生命的规律，给予孩子时间慢慢成长，孩子才会幸福快乐。

5．对待孩子，放养还是圈养

八岁的皮特是一名小学二年级的学生，虽然个头不高，但是"坏"主意不少，才上二年级，就已经让妈妈伤透了脑筋。皮特小时候比较听话，不管妈妈说什么话，他都很相信，也不会随意反驳。在进入小学阶段之前，妈妈经常向人炫耀说自己有个听话懂事的好儿子。然而自从上了小学，皮特的主意就变得越来越大，再也不愿意对妈妈言听计从了。

而妈妈早就习惯了皮特什么都听她的，因而看到皮特不听话的样子，就很生气，恨不得狠狠地揍他一顿。有一次，皮特和妈妈顶嘴，妈妈气急了，狠狠地打了皮特的屁股，害得皮特一连几天走路的时候都一瘸一拐的。然而，妈妈却悲哀地发现，越是打骂，皮特越是故意与自己对着干。例如，放学之后写作业，如果皮特独立完成，还能写得快一些，但是如果妈妈坐在一旁看着皮特，皮特就会故意捣乱，一会儿要去厕所，一会儿要喝水，一会儿又说自己饿了。妈妈当然知道皮特是故意的，但却对皮特无计可施，因为吹胡子瞪眼睛地对着皮特发脾气，已经没什么用处了，也可以说皮特是在妈妈日久天长的管教中产生了抵抗力，已经对妈妈的管教方式不敏感了。

别让不懂教育害了孩子

有一天,妈妈又因为皮特没有按时完成作业而生气,正在母子俩展开"世界大战"的时候,爸爸下班回家了。爸爸没有急于批评皮特,而是先问清楚原委,皮特看到爸爸没有不分青红皂白就和妈妈一个鼻孔出气,因而也心平气和地把自己的想法告诉了爸爸:"爸爸,我已经长大了,不想让妈妈看着我写作业。而且她在旁边总是不停地提醒我这个,提醒我那个,导致我作业要很久才能写完。"爸爸当然对妈妈的唠叨深有体会,因而很理解皮特。他对皮特说:"如果你想独立完成作业,爸爸有件事情必须和你确定一下:你能保证按时按量完成作业吗?"皮特重重地点点头,爸爸当即说:"好吧,我宣布,以后你可以独立完成作业,不过有一个星期的试用期,爸爸要看你的实际行动。"皮特如释重负,顽皮地对着爸爸敬了个礼,说:"好的,长官!"当爸爸把和皮特的约定告诉妈妈之后,妈妈当即表示反对:"这怎么可以呢?万一他作业完不成怎么办?万一他写错题目被老师批评怎么办?"爸爸不置可否,反问妈妈:"那么,你现在有更好的方法吗?"妈妈无奈地摇摇头,爸爸说:"既然你没有更好的方法,皮特又不愿意让你看着他写作业,为何不给他机会自我管理呢?他既然承诺了,我们就要相信他能做到。而且他也长大了,我们不可能一辈子跟着他,只有学会放手,让他渐渐地习惯于独自面对成长。"妈妈觉得爸爸说得很有道理,因而只能以沉默表示赞许。

上述事例中,爸爸的做法很对。孩子一天天长大,父母不可能永远跟在孩子身边,代替孩子成长。有人说,父母对孩子最残忍的爱就是溺爱,因为溺爱会使孩子失去独立生存的能力,也会让孩子完全依赖父母生活。这样一来,等到父母老去,不能继续照顾孩子,孩子又该如何生存呢?他们在社会上的生存能力会变得很差,甚至连赡养父母和养育自己的孩子都做不到。因而明智的父母总是想方设法地抓住各种机会帮助孩子成长，也让孩子在学会独立自主、自力更生的同时，变得更强大。

关于到底是圈养孩子还是放养孩子，每个家庭对此都有不同的理解和选择，甚至有的家庭中，夫妻之间的观点也并不完全一致。

> 实际上，孩子并不是父母双方任何一方的私有物品，孩子是独立的生命个体，随着他们的不断成长，必然渐渐形成自己的意识和各种价值观念。因而不管以哪种方式管教孩子，父母都要尊重孩子，平等对待孩子。

此外，还需要注意的一点是，父母对于孩子最远大的培养目标就是让孩子自立，能够独自面对和承担起人生，所以放养和圈养实际上是殊途同归，最终都是让孩子独立自信。

相信明智的父母们一定知道该如何养育孩子了吧。记住，与其先娇宠孩子，再突然对孩子放手，不如从孩子小时候就循序渐进地学会放手，让他们渐渐变得独立，不再畏惧和胆怯，走上社会之后能从容面对人生。

6．小心隔代亲的宠溺

在妈妈改变了强势的行为习惯之后，乐乐从胆小怯懦，渐渐变得乐观开朗，那个笑呵呵的男孩又回来了。转眼之间，乐乐已经幼儿园毕业，马上要升入小学一年级，变成小豆包了。妈妈在为乐乐联系好学校之后，也开始重新考虑工作的事情。幸运的是，她没过多久就找到了一份不错的工作，但是这份工作不能满足下午三点钟接乐乐放学的需求。

整整待在家里五年专门带乐乐的妈妈很纠结，她特别想工作，也不想错过这个千载难逢的好机会。再加上乐乐已经长大了，思来想去，妈妈决定让姥姥住到家里负责接送乐乐上学、放学，而自己则专心致志地工作。妈妈暗想：乐乐已经六岁了，很多好习惯也已经养成，应该不会被姥姥宠坏了吧。姥姥来了之后，妈妈陪着姥姥熟悉了几天从家里到学校的路线，就放心地去上班了。然而，一个月之后，妈妈就发现了不好的端倪。那是一个周末，乐乐坚持要吃肯德基，妈妈考虑到乐乐本身就比较胖，而且肯德基都是油炸食品，因而拒绝了乐乐的请求。如果放在平时，乐乐顶多嘬嘬小嘴，就不了了之了。而那天不知道为什么，乐乐居然一直在生气，而且对着妈妈大喊大叫："你是个坏妈妈，这么小气，连给我吃个肯德基都舍不得。我就要吃肯德基，我就要吃肯德基！"一边喊叫着，乐乐还用眼角看着姥姥，妈妈瞬间明白了是怎么回事。姥姥收到乐乐的求助信号，也装作不经意的样子对妈妈说："孩子想吃，就吃个汉堡也没关系。"妈妈对姥姥说："这样会惯坏他的，不能顺着他。"然后，正色对乐乐说："乐乐，你已经是小学生了，妈妈尊重你，给你讲道理，希望你也能尊重妈妈，不要胡搅蛮缠。你明明知道肯德基吃多了会变胖，而且我们约定好每个月只能吃一次，为何还要这样发脾气呢？如果这样的话，我只能惩罚你连下个月的肯德基也不要吃了。你也不要看姥姥，姥姥只负责接送你上学，对你的教育还是由妈妈负责。"看到妈妈态度这么坚决，又看到姥姥不敢当着妈妈的面袒护自己，乐乐只好作罢。

有老人帮忙带孩子，对于年轻的父母来说，就会感到轻松很多。然而，老人在帮忙的同时，也会因为隔代亲，总是无法控制自己过分宠溺孩子。所以很多有老人帮忙带孩子的家庭，年轻的父母与老人之间经常会因为教育孩子的事情而引发各种矛盾。在这种情况下，与其一味地抱怨老人，不如想一想到底是让老人帮忙带孩子还是自己应该亲自带孩子？毕竟老人年纪大了，在教育孩子方面不能做到与时俱进，而且有些老人还很倔强，如果父母想要改变老人的很多思想和习惯，那也是不可能的，而且也会引发不愉快。因而聪明的父母不会企图改变老人，对于开明的老人可以尽量沟通，而对于墨守成规的老人，则可以从自身进行反思，从而竭尽所能地解决问题。

有很多父母因为忙于工作和挣钱，总是不知不觉间就忽略了孩子，或者把孩子放在老家交给老人带，或者虽然把孩子带在身边，但是也总是丢给老人全权负责。

> 这里不得不提醒每位家长的是，孩子的成长过程是不可逆的，如果父母在孩子年轻的时候忽略了对孩子的陪伴和教育，导致孩子不成材，那么哪怕父母挣再多的钱，也是得不偿失的。反过来看，如果父母在孩子小时候更多地关注和用心培养孩子，那么孩子就能认真学习，具有优秀的品质，长大之后很容易获得完美的人生。

这样想来，也许父母在孩子小时候会多吃一些苦，但是等到孩子长大了，成材了，父母就能苦尽甘来。当然，凡事皆有度，这里并非是让父母完全放下工作来教育孩子，而是要在工作和对孩子的教育之间把握好度，协调好这两者之间的关系，做到两不耽误。

虽然作为子女要孝顺老人，但是当发现老人的隔代亲宠爱已经严重影响孩子的教育，给孩子的成长带来负面影响时，就要在有老人帮忙带孩子的便利和亲自带养孩子的辛苦之间做出选择。此外，还要把孝顺老人和让老人带孩子的事情上分清楚，很多老人因为疼爱孙辈，也因为退休后的生活比较枯燥乏味，因而是很愿意带孩子的。如果带得好自然一家其乐融融，如果带得不好，那么作为父母也要在表明孝顺老人的前提下，向老人摆明态度，让老人知道教育孩子是父母的责任和义务，任何人都无可替代。当老人的宠溺严重影响到孩子的成长时，父母还可以选择带着孩子与老人分开住，等到节假日再和老人一起团聚，这样既给孩子树立了孝顺老人的榜样，也向孩子表明了父母对于教育的决心，可谓一举数得。

7. 有了老二，如何对待老大

乐乐七岁那年，妈妈响应国家政策，加之自己和家人也非常想再要个孩子，于是就生下了妹妹欢欢。其实，妈妈之所以萌生了要二胎的想法，与乐乐这两年来的大力动员也分不开。自从五岁的时候在公园里看到别人家的小宝宝，乐乐就总是缠着爸爸妈妈再给他生个小弟弟或者小妹妹。原本坚定不移不要二胎的妈妈，很快就缴械投降，并且承诺只要乐乐做通爸爸的思想工作，就再要个"小老二"。

乐乐的力量是强大的，很快也让爸爸不要二胎的信念动摇起来，所以爸爸妈妈意见统一，生下了老二。每当带着两个孩子在公园里玩耍，总有些妈妈羡慕不已，也问乐乐妈妈："你家老大同意你们要二胎啊？"妈妈总是骄傲地说："就是他缠着我们要二胎的。"看着其他妈妈羡慕的样子，妈妈很得意。然而，随着欢欢不断长大，到了欢欢一岁多时，乐乐就越来越不喜欢欢欢了。原来，一岁多的欢欢没有那么可爱了，她总是和乐乐抢东西，而且一旦抢不过就大喊大叫，俨然是个小霸王。虽然乐乐已经八岁多了，但是总是被欢欢欺负，也开始心生不悦。尤其是当看到爸爸妈妈一脸宠溺地疼爱欢欢时，乐乐总是觉得有些失落。

　　一天，妈妈正在给欢欢洗澡，乐乐落寞地说："妈妈，自从有了小妹妹，你再也没有给我洗过澡啦。"妈妈正想说"你都这么大了，可以自己洗澡了"，却看到乐乐的眼神黯淡，因而赶紧对乐乐说："嗯，乐乐是哥哥，为小妹妹做出了很大的牺牲。不过乐乐现在是男子汉了，妈妈是女性，所以乐乐如果想和大人一起洗澡，就让爸爸陪伴，好吗？"听到妈妈的回答，乐乐不由得抿着嘴巴笑了起来，因为妈妈不但夸赞乐乐是个男子汉，还允诺让爸爸和他一起洗澡。还有一次，乐乐正在津津有味地看一本漫画书，蹒跚学步的欢欢却走了过去，开始抢夺乐乐的书。乐乐不想把书给欢欢，欢欢却哭起来，正在厨房做饭的妈妈闻讯赶来，不假思索地就批评乐乐："你怎么又招惹小妹妹，没见我在做饭吗？她要什么你就给她。"说完，妈妈惦记着厨房里灶台上还煮着东西，就赶紧回厨房了。等到妈妈做好饭出来，发现乐乐居然坐在那里眼泪汪汪的。妈妈不知所以然，问："你怎么了？"乐乐这才委屈并有些生气地说："你们都喜欢小妹妹，不喜欢我，我真是脑袋被门夹了，才会让你们要老二。"妈妈从乐乐的话里听出了恨意，也意识到自己刚才的处理方式太粗暴了。看着很受伤的乐乐，妈妈意识到：以后当欢欢再和乐乐起冲突的时候，一定不能不分青红皂白就批评乐乐，而要首先批评欢欢。毕竟在欢欢到来之前，乐乐是一个人独享父母的爱，而欢欢从出生就知道自己有哥哥，所以心理上不会有很大落差。

　　在不断陪伴两个宝贝成长的过程中，妈妈也从当一个孩子的妈妈渐渐学会了当两个孩子的妈妈。她很清楚，两个孩子能否建立良好的关系，与

父母的作为有密切的关系。作为妈妈，宁愿偏袒老大也不要偏袒不懂事的老二，否则就会导致兄妹的关系恶化。

对于有两个孩子的家庭而言，如何处理好老大和老二之间的关系，是非常重要的。正如事例中乐乐妈妈所反思的那样，乐乐从一出生就是家里唯一的孩子，独享父母的爱，因而当妹妹出生，最需要适应的就是乐乐。他必须学会和妹妹分享父母的爱，也要学会把自己的爱给妹妹。在这种情况下，父母一定要注意的是，千万不要因为老二的到来而冷落老大，也不要因为老二小，需要照顾，就把所有的爱都倾注到老二身上。很多父母之所以选择要老二，不就是希望两个孩子彼此有个伴，等到长大以后遇到事情也有商量的人吗？既然如此，父母就要成为两个孩子关系的纽带，而不要成为两个孩子关系的破坏者。唯有真正处好两个孩子之间的关系，让他们和谐融洽相处，相亲相爱，一家人才能生活得幸福。

此外，在有了老二之后，老大也会在不知不觉间出现行为倒退现象，甚至对于那些他小时候已经吃腻了的零食，在看到小妹妹吃得津津有味时，他们也会很眼馋，也希望自己能够重温小时候的美味。在这种情况下，父母千万不要笑话老大，而要再次用心地呵护和关爱老大，让老大觉得自己因为老二的到来，又得以重温父母无微不至的关心与呵护。总而言之，兄弟姐妹之间关系如何，很大程度上取决于父母对待孩子的态度，面对老二的到来，父母必须要更好地对待老大，才能激发老大手足情深的意识。

第二章 良好的情绪，源于爱与自由

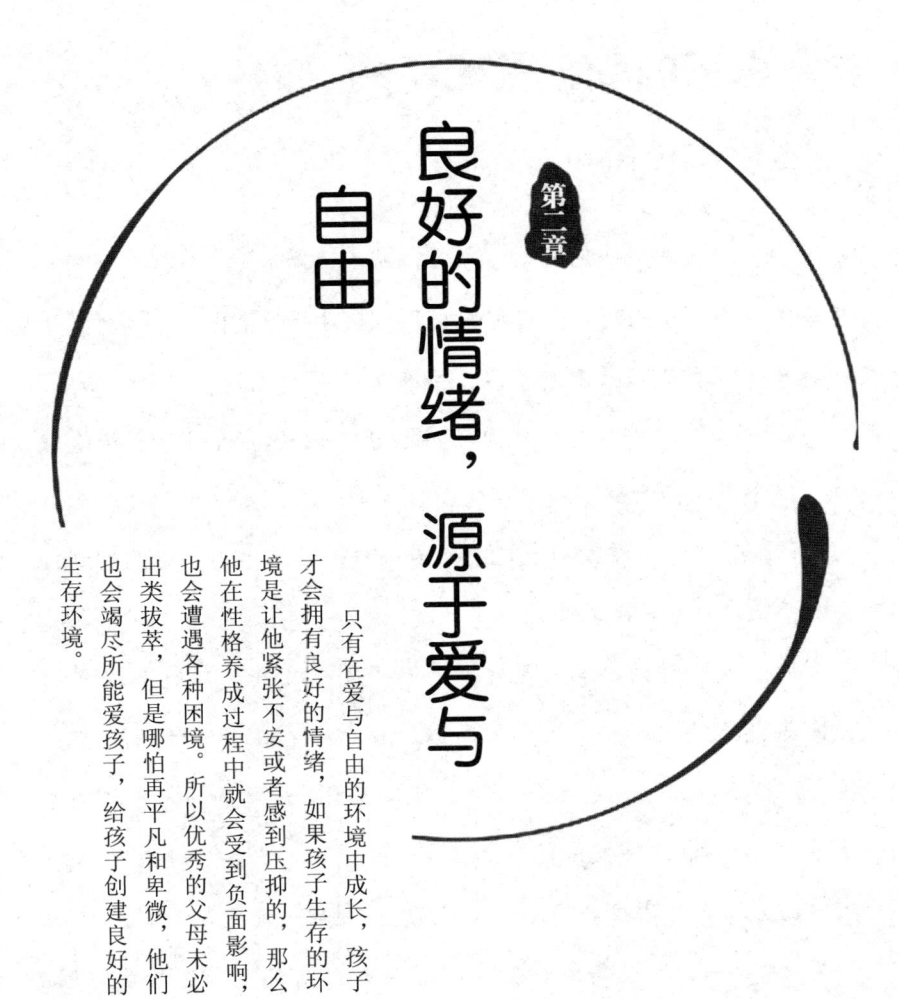

只有在爱与自由的环境中成长，孩子才会拥有良好的情绪，如果孩子生存的环境是让他紧张不安或者感到压抑的，那么他在性格养成过程中就会受到负面影响，也会遭遇各种困境。所以优秀的父母未必出类拔萃，但是哪怕再平凡和卑微，他们也会竭尽所能爱孩子，给孩子创建良好的生存环境。

1. 真正的爱，是无私的

经历一整天的幼儿园生活后，到了放学时间，几乎每个孩子都盼望着父母早点来接自己回家。因而虽然是四点钟放学，但是老师提前十分钟就让孩子们在自己的位置上坐好，等着父母出现在教室门口。四点钟刚过，还不到一分钟，原本在校门口等待的家长们都蜂涌到孩子就读班级的门口，一个个从门上的小玻璃窗看向教室里面，总是一眼就能找到自己家的孩子，而孩子呢，早就眼巴巴地看着门口，因而也第一时间看到父母的身影，马上就欢呼雀跃奔向门口。

才三五分钟的时间，教室里的孩子除了甜甜，其他小朋友都被父母接走了。虽然才只有四岁，但是甜甜独自一人在老师的注视下坐在座位上，显得有些尴尬，也很伤心。老师才说了一句"甜甜，你妈妈今天迟到了哦"，甜甜的眼圈就红了。老师不知道甜甜怎么了，赶紧安慰甜甜："甜甜，别害怕，老师在陪着你啊！"不想，甜甜却哭了起来，说："老师，妈妈肯定不要我了。"看到甜甜伤心的样子，老师不知道原因，因而问道："甜甜，每个妈妈都最爱自己的孩子，你怎么能这么说呢？"甜甜说："老师，是真的，妈妈不要我了。因为她告诉过我，如果我不听话，她就把我丢在幼儿园里，不要我了。肯定是因为我中午没吃完饭，所以妈妈才生气不要我的。"听了甜甜的解释，老师忍不住笑起来："甜甜，妈妈肯定有事情耽误了，她很快就会来接你的，放心吧。"

上述事例中，老师当然知道，妈妈所说的如果甜甜不听话，就不要甜甜，完全是逗孩子的一句假话。但是尚年幼的孩子并不能真正地区分一句话的真假，他们出于对父母的信任，往往把父母的每一句话都当成真话对待。在这种情况下，父母一句无心的话，也许就会给孩子带来很大的伤害。诸如事例中的甜甜，在焦急而又充满忧虑地等待父母来接自己的时候，一定是心怀忐忑且紧张不安的。

很多父母都知道，孩子正处于建立和形成安全感的关键时期，而且他们能够拥有安全感，对于未来一生的发展都会有很大的影响。**那么孩子的安全感来自于哪里呢？**当然是来自于父母的爱和陪伴。每个新生命从呱呱坠地开始，就完全依赖父母的照顾才能生存下来，即使不断成长，他们对于父母的信任与爱，也是不可替代的。因而作为父母，一定要无条件爱孩子，而不要总是为了让孩子听话，就用言语威胁孩子，把对孩子的爱加上很多附加条件。否则日久天长，在孩子心中，父母的爱就会变味，变成一种交易，或者变成父母强迫他们的绝佳理由和借口。

尤其需要注意的是，孩子最怕遭到父母的遗弃，因为作为父母不管是与孩子开玩笑，或者真的是气急败坏地吓唬孩子，都要保持清醒和理智，都要对向孩子说出的每一句话负责。特别是当孩子处于三～六岁敏感期时，他们的感情很细腻，内心也很脆弱，这个时候父母更要肩负起孩子守护者的角色，对孩子谨言慎行，保护孩子稚嫩的心灵。记住，爱就是爱，没有任何附加条件，也没有任何得到回报的奢求。只有这种无私的爱，才会给孩子的成长提供更多的养分，也才能让父母成为孩子生命中无可替代的守护者和陪伴者。

2. 让孩子感受到被信任

甜甜最近变得特别敏感，有时候妈妈无心的一句话就会惹得她掉眼泪，也会使她充满挫败感。因而在和甜甜相处的时候，妈妈总是小心翼翼的，即便如此，还是会经常一不小心就触碰到甜甜的那颗小而稚嫩的玻璃心，让甜甜伤心不已。

一个周末，妈妈在家里打开电脑加班，甜甜就在电脑旁的地板上坐着玩耍。妈妈处理完手里的工作，突然想起来要给甜甜制作一个灯笼带去学校，于是就拿出材料，开始制作灯笼。看到妈妈拿出花花绿绿的材料，甜甜感到很新奇，也放下玩具要和妈妈一起做灯笼。在剪裁一张材料时，妈妈刚刚剪到一半，甜甜就嚷着要自己剪。这时，妈妈有些不耐烦，说："好啦，你不能剪啊，这个材料只有一张，万一剪坏了，就不能做灯笼了，这样你明天就没有灯笼带去幼儿园了。"妈妈的话音刚落，甜甜的眼圈就红了，她委屈地说："妈妈，你不相信我。"妈妈看着甜甜委屈的样子，赶紧解释："妈妈相信你啊，只是这个材料只有一份。"甜甜说："妈妈，你要相信我，我保证不剪坏。"看着甜甜直视自己的眼神那么坚定，妈妈的心中怦然一动，暗暗想道："和信任孩子相比，这张纸显然不那么重要。实在剪坏了的话，就再去重新买一个灯笼吧。"这么想着，妈妈就不那么紧张了，她把剪纸交给甜甜，甜甜非常高兴，小嘴巴就像抹了蜜一样笑着说："妈妈，谢谢你相信我。"

如果不是一个四岁孩子的母亲，恐怕你很难相信孩子在这么小的年纪，就希望得到他人的信任，尤其是父母的信任。如果孩子神经比较大条，那么他们往往不会这么敏感细腻，对于感情也没有那么多需求。但是如果孩子很敏感，心思细腻，自尊心还比较强，那么他们在面对他人时往往会体察到细节，也会因为小小的不满意就觉得心里委屈。尤其是父母的信任，对于孩子而言是非常重要的，所以父母一定要相信孩子。正如事例中妈妈所想的那样，和灯笼相比，当然是信任孩子并让孩子感受到被信任更重要。所以她就做好了最坏的打算，即便甜甜把剪纸剪坏了，就再去重新买个灯笼。这是作为父母对孩子的理解和信任。

从另一个角度来说，幼儿园里布置做灯笼的任务，不是想让每个孩子都拿着一个完美的灯笼去幼儿园交差，而是希望父母能够和孩子一起分工合作完成制作灯笼的任务，在这个过程中不但锻炼孩子的能力，也能促进亲子沟通，增强亲子感情，可谓一举数得。

> 人与人之间的信任是相互的，父母唯有尊重孩子，才能得到孩子的尊重；父母唯有信任孩子，才能得到孩子的信任；父母唯有平等地对待孩子，才能得到孩子的真心相待。总而言之，哪怕是亲如父母子女，彼此间的关系在最初的依存之后，随着孩子不断成长，成为完全意义上的独立生命个体，父母也还是应该更加用心经营与孩子之间的关系，从而才能促进亲子关系的良好发展。

很多父母把对孩子的爱局限在很狭隘的范围内，觉得爱孩子就是要给予孩子好吃的、好喝的。殊不知，爱孩子更要尊重孩子、理解孩子，并且要信任孩子。当父母以信任赢得孩子的信任，与孩子之间建立良好的关系，孩子当然会感受到信任的力量。

3．倾听，是对孩子基本的尊重

爸爸正在厨房里专心致志地做饭，突然被剧烈的关门声吓了一跳。之所以说是剧烈的关门声，是因为这关门声带着情绪，而且是很不愉快的情绪。爸爸忍不住抬起头，注视着满脸泪痕从外面跑进家门的皮特。皮特几乎没有停下脚步，而是边快速地走向卧室，边对着爸爸吼道："我再也不和杰米玩了，他居然背叛我，把我的东西抢了去送给其他同学。我恨他，我和他再也不是朋友了。"说完这句话时，皮特正好打开自己的房门，而后又重重地关上了房门。爸爸在短短的时间内两次受到惊吓，不由得很恼火，但是他努力控制住自己，而没有马上去批评皮特。

大概过去半个小时，皮特才从卧室里出来。他的情绪依然很激动，愤愤不平地对爸爸说："爸爸，你知道杰米对我做了什么吗？"爸爸摇摇头，以平静的语气说："虽然我不知道具体是什么事情，但是我知道那件事一定让你很生气。"皮特点点头，说："被人背叛的感觉简直太难受了。"爸爸说："是啊，我以前也曾经被好朋友背叛过。说说吧，我一定能理解你的感受。"皮特开始滔滔不绝地讲起来，爸爸一直看着皮特的眼睛，不时点头表示认可。等到皮特讲完，爸爸说："儿子，我可以给你一个拥抱吗？"皮特有些惊讶，然而他投入到爸爸张开的双臂中，感受爸爸怀抱中温暖的力量。他的心突然开朗起来，说："爸爸，谢谢你。"

换作其他爸爸，一旦听到孩子进门摔门而入的声音，肯定会马上火冒三丈,甚至不分青红皂白就狠狠批评孩子一顿。这么做的结果会是什么呢?就是孩子会更加懊恼,甚至因为心中有气,又会和父母冲突起来。不得不说,这绝不是一个好办法,也无法缓和亲子关系,还会使孩子感觉受到了屈辱。

事例中爸爸的做法值得每一个父母借鉴,那就是在孩子情绪激动的时候,不要马上呵斥孩子或者随意发泄自己突如其来的暴怒情绪,而是应该能够保持情绪平静,以尊重的态度倾听孩子的讲述,从而帮助孩子恢复情绪,保持冷静。

在人际关系中,倾听是一门艺术,尽管孩子与父母的关系非同寻常,是非常亲密和亲近的,但也属于普通人际关系中的一种。所以父母一定要学会倾听孩子,尊重孩子,才能与孩子更好地相处。

> 要想实现对孩子的有效倾听,并且以倾听安抚孩子的情绪,就要掌握一种积极的倾听方式,那就是映射孩子的感受。很多父母在倾听孩子时,或者随意打断孩子的倾诉,或者否定孩子的感受,这都是非常糟糕的倾听方式。对于孩子而言,父母的尊重和理解,能够让他们得到巨大的力量。

因而不管孩子在情绪暴怒下说了什么,映射孩子的感受,对孩子表示理解和认同,都能安抚孩子的情绪,也能让孩子感受到来自父母的善意。等到孩子情绪恢复平静之后,父母再以恰当的方式与孩子针对某些问题进行交流,这样才能把每句话都说到孩子的心里去,也才能更好地帮助孩子。

沟通,是人际交往的桥梁,也是父母与孩子交往的桥梁。不管孩子遇到什么问题,只要他们乐于向父母倾诉,就能从父母那里得到有效的指导

和帮助。因而明智的父母从来不会企图关闭孩子的心门，而会以真诚友善的倾听让孩子敞开心扉，进而走入孩子的内心世界。

4．情绪如流水，宜疏不宜堵

在乐乐才几岁的时候，妈妈就经常带着他去小区的广场上卖二手玩具，或者参加跳蚤市场。因而乐乐的财商早早地就被培养起来了，读到小学三年级时，乐乐还把"生意"做到了班级里。他每天回家都要路过一个小超市，因而从帮助同学从超市代购东西开始，到赚取小小的差价，他俨然成了个小生意人。然而，好景不长，老师得知乐乐在班级里"做生意"，以扰乱午休纪律为名通知乐乐爸爸制止乐乐的这种行为。接到老师电话后，爸爸当即与乐乐谈心，他首先肯定了乐乐的财商，后来又告诉乐乐学校不允许这种贩卖行为，并且让乐乐意识到如果因此而影响学习是得不偿失的。乐乐当即表示以后不会再卖了，爸爸看谈话目的达到了，就没有批评乐乐。

周一，到了放学的时候，老师把乐乐叫到办公室，问："周五回家爸爸批评你了吗？"乐乐摇摇头，老师惊讶地问："你爸爸居然没有批评你，你这孩子，就是应该好好管教管教。"乐乐说："老师，我现在没有卖东西……"不等乐乐说完，老师立刻呵斥："你给我闭嘴，我没让你说话，你不许说。"就这样，老师不让乐乐辩解，又数落了乐乐一会儿，才让乐乐回家。乐乐的心中愤怒极了，一气之下，就在班级同学的QQ群里骂了老师。后来事情传到老师耳朵里，老师自然又把乐乐爸爸叫到学校。爸爸赶紧为乐乐骂人的事情向老师道歉，但是也没有盲目批评乐乐，而是让乐乐把事情经过讲一下。原本就很愤怒的乐乐以为自己这次一定会挨揍，看到爸爸心平气和地让自己讲述，居然委屈地哭了起来。等到乐乐发泄完情绪，爸爸才对乐乐说："首先，老师把事情告诉爸爸不是为了告你的状，所以你也没有必要怨恨老师；其次，你也许不喜欢老师说话的方式，但是不管因为任何原因，都不能骂老师；第三……"在爸爸的条分缕析之下，乐乐心服口服，还主动写了检讨书给老师。

上述事例中，正是靠着疏导情绪，爸爸才把家庭教育中原本足以导致一场大风波的事情给圆满解决了。当然，也不能说老师没有错，但是正如爸爸所说的，不管因为什么原因骂老师都是不对的。对于乐乐而言，当被老师呵斥"闭嘴"，心里产生愤怒也是正常的。总而言之，人是情绪的动物，即使是孩子，也会有喜怒哀乐等各种情绪。当孩子感到高兴时，父母也会觉得欣慰；当孩子感到愤怒时，很多父母就会觉得手足无措，甚至被孩子的情绪俘虏，导致自己也变得激动起来，与孩子之间爆发激烈的冲突。实际上，情绪就像是一条河，始终处于流动的状态，如果要想治理好情绪的河，就要采取适当的办法。相信很多人都曾听过"大禹治水"的故事，那么一定知道大禹治水前几次并没有获得成功，最终采取了疏通的办法，才真正获得成功。同样的道理，要想抚平孩子的情绪，同样是宜疏不宜堵，必须给予孩子宣泄的途径，或者为孩子提供发泄情绪的机会，才能让孩子恢复良好情绪。

现实生活中，偏偏有很多老师都像事例中的老师一样，或许是因为生活中烦心事太多，或者是因为工作压力太大，因而对学生也就缺乏耐心，动不动就呵斥学生"闭嘴"。如果是呵斥那些懵懂无知的孩子，他们或许根本不会把这样一句话放在心上，很可能转眼就忘记了。但是如果呵斥那些早熟且内心敏感的孩子，则他们很可能因为这句话而对老师心怀芥蒂，导致师生关系紧张。所以不管是父母还是老师，在面对孩子时，都应该理智地调整好自己的情绪，做到谨言慎行，才能最大限度地打开孩子的心扉，与孩子顺利沟通、融洽相处。

成年人不应该把孩子看成"小兽"，更不应该不管对孩子说什么还是做什么都肆无忌惮，而应该把孩子当成是平等的生命个体。这样才能尊重孩子，平等对待孩子，尤其是当孩子有负面情绪时，更应该及时疏导孩子的情绪，而不是对孩子颐指气使，甚至呵斥孩子"闭嘴"。

如果孩子发脾气，作为孩子的监管人，父母还应该对孩子愤怒本身做出回应，而不能对孩子的火爆脾气进行批评。当父母引导孩子学会控制自身的愤怒情绪，或者交给孩子宣泄不良情绪的方法后，相信慢慢地，孩子就能成为自身情绪的主宰者，也会距离真正的成长更近一步。总之要记住，情绪宜疏不宜堵，如果总是堵塞孩子的情绪，随着日积月累，孩子的情绪早晚有一天会决堤，到那时当父母的就追悔莫及了。因此正确的做法是在孩子产生负面情绪或者遭遇情绪危机时，及时干预、疏导孩子的情绪，这样孩子才能恢复并拥有良好的情绪状态。

5．面对孩子的"起床气"

豆豆已经过了三周岁的生日，要准备去上幼儿园了。为了帮助豆豆更好地适应幼儿园生活，妈妈还给她提前报了亲子班。然而，在妈妈陪着上幼儿园的一个星期里，豆豆每天都开开心心的，一个星期之后，豆豆要独立入园了，而且入园时间也从早晨九点提前到了七点半。而妈妈的担心也成了事实，从豆豆独立入园第一天，就让妈妈觉得非常头疼。

独立入园前一天的晚上是周日，家里来了亲戚还带着小朋友，所以豆豆玩得很开心，直到很晚才入睡。次日，妈妈早早地喊豆豆起床，然而豆豆被喊醒之后一个劲儿地哭泣，甚至不愿意睁开眼睛看妈妈。结果，直到八点，豆豆既没有穿好衣服，也没有洗漱好，更没有吃早饭。无奈之下，妈妈只好强迫豆豆穿衣服，并且把豆豆扛到了幼儿园。好不容易把豆豆交到老师手里，妈妈准备离开时，豆豆又开始撕心裂肺地哭了起来。妈妈也忍不住开始掉眼泪，还是老师有经验，她第一时间抱着豆豆走进教室，离开妈妈的视线。

原本，妈妈以为度过艰难的第一天，豆豆第二天去幼儿园就会好一些，但是让妈妈崩溃的是，接下来的一个星期的时间里，豆豆始终有起床气，几乎每天被喊醒都哭得撕心裂肺。妈妈甚至打起了退堂鼓，都不想让豆豆上幼儿园了。然而一想到坚持了这么久，如果现在放弃，等到半年后再入幼儿园时，豆豆又需要重新适应一遍。然而，一周又一周过去，豆豆每天早晨起床都哭，而且连早饭也不吃，小脸蛋都已经瘦了一圈了。在学校召开家长会时，妈妈借助自由发言的时机，向同班家长和老师咨询。听完豆豆妈妈的讲述，老师说："豆豆妈妈，根据你的描述，你只催促豆豆早些起床是不能解决问题的，因为问题的根本在于豆豆晚上睡得太晚。成人也是这样啊，如果睡得太晚，次日起不来不说，而且也没有精神，还没有胃口。"其他父母也对此纷纷表示认可，豆豆妈妈当即表示要改变作息时间。在坚持几天陪着豆豆早睡之后，豆豆起床果然没有那么困难了，而且有一天早晨还吃了粥和鸡蛋呢！

孩子如果吃得饱睡得好，起床之后一定心情愉悦。相反，如果孩子在

第二章 良好的情绪，源于爱与自由

睡眠之后却没有好心情，那么父母就要引起重视，更要适当地调整作息时间，从而让孩子享受更合理的作息安排。此外，父母还需要注意的是，为了帮助孩子养成良好的作息习惯，父母首先要调整自己的作息时间。例如，很多年轻父母自己就是夜猫子，总是喜欢看电影、玩游戏，试想，当家里的环境嘈杂而又热闹，孩子如何能静下心来睡觉呢？其次，如果需要比往日里更早地叫醒孩子，父母可以与孩子约定，在头一天晚上入睡的时候就告诉孩子次日需要早起，那么孩子就会有一定的心理准备，也不会那么排斥起床了。再次，很多父母叫醒孩子的方式很粗暴，总是要求孩子在被叫醒的第一时间起床，却不知道人的大脑醒了，身体还没有醒，因而要以舒缓的方式叫醒孩子，这样不但能够带给孩子愉悦的心情，也能给孩子缓冲的时间，避免孩子因此而焦虑。最后，一定要记住，不要给孩子养成睡回笼觉的习惯，所以对于年轻的、喜欢赖床的父母而言，为了让孩子心情愉悦、神清气爽地起床，不要带着孩子睡回笼觉。否则，孩子就会习惯于迷迷糊糊地睡觉，导致越睡越困，越睡越迷糊，根本不想起床。

一整天的好情绪，应该从起床的一刻开始。当然，孩子不会像成年人那么理性，也不知道怎样调整自身的情绪，这种情况下父母就要积极地引导孩子，帮助孩子愉快地入睡，愉快地醒来。当孩子因为各种原因产生起床气时，父母还要想方设法帮助孩子调整情绪，这样才能让孩子始终保持好心情，也能拥有幸福美好的一天。

尤其需要注意的是，面对有起床气的孩子，父母一定要控制好自身情绪，不要以怒制怒。孩子的起床气并非故意而为之，而是因为身心不适导致的。所以父母要理解孩子的情绪波动，也要以好情绪安抚孩子的坏情绪。与此同时，良好的亲子关系也能改善孩子的不良情绪，促进亲子之间的良好互动。所以，父母的责任不仅在于抚育孩子成长，也要给予孩子更好的引导和陪伴。

6．孩子也有情绪周期

度过了入园初期的焦虑不安之后，妈妈欣喜地发现豆豆的幼儿园生活步入了正轨。在大约一周的时间里，豆豆每天放学的时候都情绪良好，蹦蹦跳跳地投入妈妈的怀抱，而且在回家的路上还会主动把幼儿园的那些事情讲给妈妈听。妈妈发自内心地高兴，她以为从此之后豆豆每天都会"太阳当空照，花儿对我笑"心情大好地去幼儿园。然而到了下一周的时候，妈妈发现豆豆的情绪明显地有些低落，妈妈也不由得担心起来。

周一，妈妈假装对豆豆的情绪视若无睹，企图继续若无其事地送豆豆去幼儿园，而豆豆除了情绪不佳之外，也的确没有太多异样的表现，就跟着妈妈去了幼儿园。周二，豆豆起床时就很排斥和抗拒，不愿意配合。离开家门去往幼儿园的路上，豆豆突然提出要去捡树叶，尽管妈妈安慰她说等放学再去捡树叶，她也不听。走到半路，豆豆无论如何不愿意往前走了，嘴巴里喊着捡树叶，双腿使劲往后拉着，一步都不想往前走。妈妈好说歹说，才把豆豆拽到学校，但是都已经进了学校大门了，豆豆却突然转身朝着门外跑去。妈妈不知道豆豆怎么了，也感到很着急和焦虑，居然情急之下打了豆豆的屁股，强行把豆豆抱到了教室。看到豆豆哭得上气不接下气，老师赶紧问怎么回事，听豆豆妈妈说完，老师当即批评道："豆豆妈妈，不管怎样，你也不能打孩子啊！而且，孩子都是会反复的，也许一段时间里喜欢幼儿园，也许某段时间又不喜欢了，孩子的情绪没有那么稳定。一切都要慢慢来，知道吗？"果然如老师说的那样，过了几天，豆豆又喜欢上幼儿园了，而且天天去幼儿园的路上嘴里都哼着儿歌。

现代社会，每个成年人的心理压力都很大，不但要应付紧张忙碌的生活，还要在职场的激烈竞争中脱颖而出。尤其是初为父母的年轻人，更是要花费大量的时间和精力来照顾孩子，简直心力憔悴。为此，大多数成年人对于在自己的情绪周期都表示理解，也会在高兴的时候享受片刻的美好时光，在突如其来坏情绪的打击下努力调整自己的心态。然而，孩子的心理发育还不健全，对于情绪的感知和控制能力也很弱。每当遭遇情绪周期时，孩子都会直截了当地表达自己的情绪，丝毫不加以掩饰。作为父母，就要了解孩子的情绪周期，这样才能更加深入地洞察孩子的心理，也对孩子的发展起到积极的引导作用。

当孩子遭遇坏情绪的侵袭时，父母也许什么都不用说，对于年幼的孩子就给一个温暖的抱抱；对于年长的孩子，要尊重地听孩子的倾诉和默默地陪伴孩子，这样孩子就会拥有安全感，也能尽快地消除坏情绪。

当孩子一味地沉浸在坏情绪中时，如果孩子需要安静，父母就要给孩子独处的空间，很多时候过分地关注也会给孩子带来负担。而如果孩子不能合理疏导自己的情绪，那么父母要以有效的方法转移孩子的注意力，从而帮助孩子摆脱坏情绪，找回好情绪。总而言之，父母虽然是孩子最亲近的人，但并不能代替孩子走过人生中的每一个艰难时刻。所以很多时候，孩子必须自己去面对，而父母只要让孩子知道：不管遇到什么事情，我们都是你最坚强的后盾，家都是你最温馨的港湾。如此，孩子才会在每次遇到困难时，变得无所畏惧勇往直前。

7. 任性的孩子伤不起

刚刚去幼儿园那段时间，甜甜特别乖巧懂事，就像突然间长大了一样，对爸爸妈妈给她讲的道理都能接受，妈妈还欣喜地说应该更早些让甜甜上幼儿园呢。然而，几个月过去了，甜甜变得越来越任性，总是喜欢和妈妈对着干，尤其不愿意听妈妈的话。

一个周末，爸爸带着甜甜去小区广场上玩耍，甜甜高兴极了，还遇到了同班同学，玩得不亦乐乎，很快衣服上就沾满了灰，小脸小手也都弄得脏兮兮的。妈妈呢，则负责在家里打扫卫生，整整一上午，妈妈都在忙碌。忙完了，正当妈妈休息的时候，爸爸带着甜甜回来了。就在爸爸开门的工夫，妈妈喊道："先换鞋再进屋啊，我刚拖的地还没干呢。"爸爸按照妈妈的指示赶紧换鞋，没想到玩得精疲力尽的甜甜却突然来了精神，她趁着爸爸不注意三步并作两步跑到客厅里，还故意围着客厅转了好几圈。妈妈正想批评甜甜在客厅里留下很多大脚印，看到甜甜早晨才穿的干干净净的衣服，现在却变得如同小泥人一般，因而着急地说："甜甜，你的衣服太脏了，千万不要上床。等一下，妈妈现在就拿衣服给你换。"不想，甜甜的大眼睛咕噜噜一转，马上就把捣乱的阵地转移到卧室里。只见她连鞋子都没脱，就迫不及待地爬到了床上，妈妈气得直翻白眼，再也不敢提醒甜甜有哪些事情是不能做的了。

对于甜甜而言，妈妈越是不让她干什么，她就偏偏要干什么。这是因为三四岁的孩子自我意识越来越强，也变得越来越任性，因而最喜欢的事情就是与人作对。对于这个阶段的孩子，父母应该加强正面引导，而不要过多地限制和禁止孩子，否则会导致孩子变本加厉。例如，上述事例中，妈妈怕甜甜把床单弄脏，正确的做法是，不要对甜甜说"不能上床"，而可以告诉甜甜"你先在客厅玩一会儿"。这样一来，甜甜接到正面的引导，也不知道上床是妈妈不能容忍的，自然就会留在客厅，而不会故意和妈妈作对。总而言之，对于正处于执拗期的任性孩子，要多说正话，少说反话，也要多加引导，尽量不要否定和批评。唯有有的放矢地对待孩子，正确引导和教育，才能事半功倍。

> 当孩子发现自身蕴含着巨大的能量时，他们最乐此不疲的事情就是验证自身能量的存在，也会"以身试法"，挑战父母的权威。

他们更愿意按照自己的意愿做很多事情，而不想委屈自己，为此他们的行为变得很执拗，也不懂得变通，甚至故意与父母唱反调。父母一定要了解这个时期孩子表现出来的执拗和反抗，也要深入研究孩子这个阶段的心理特点，从而才能采取正确的对策和方式引导孩子的行为。

尤其需要注意的是，大多数孩子都是非常感性的，他们不会像成年人那样能够用理性控制情感，用理智约束行为习惯，而是会遵从自己的内心，强求父母一定要满足他们的愿望。在这种情况下，一味地否定孩子，或者强求孩子，显然是行不通的。当孩子提出"不合理"要求时，父母首先应该站在孩子的立场上，设身处地的了解孩子的需求，从而尽量满足孩子。如果孩子提出的某些要求非但不合理，而且还是违反原则的，那么父母也不要和孩子起正面冲突，而是可以采取转移注意力、拥抱孩子、给孩子讲道理等相对缓和的方式对待孩子。记住：孩子并非像你所看到的那样不可理喻，重要的是作为父母一定要了解孩子的心理，不要做违背孩子成长规律的事情。父母唯有用心对待孩子，真正了解孩子，才能打开孩子的心扉，走进孩子的内心世界，与孩子更好地相处。

8．如何缓解孩子的分离焦虑

自从生了哲哲之后，妈妈一直留在家里养育哲哲。好不容易等到哲哲两岁半，妈妈决定出去工作。毕竟家里如果只依靠爸爸一个人工作，不但爸爸的压力很大，而且生活质量也有所下降。不过两岁半的哲哲还太小，妈妈舍不得把他送到幼儿园，因此就让奶奶来家里带哲哲一年，等到哲哲三岁半时，再把哲哲送入幼儿园。

为了帮助哲哲更好地和奶奶相处，奶奶到来之后，妈妈先陪着哲哲和奶奶相互熟悉了半个月，才正式开始上班。第一天上班，妈妈走得很早，当时哲哲还在睡觉。妈妈到了工作单位没多长时间，奶奶的电话就打来了。原来哲哲起床之后看不到妈妈，一直在哭，奶奶不管怎么哄都哄不好。听着电话里哲哲声嘶力竭的声音，妈妈心疼不已，只好去找领导请假一个小时回家去看哲哲。果然，妈妈到了楼下就听到哲哲的哭声，心顿时揪了起来，马上飞奔到楼上，把哲哲抱在怀里。哲哲看到妈妈回家了，哭得更厉害了。妈妈好不容易才安抚好哲哲的情绪，让哲哲停止哭泣，这个时候，一个小时的假已经过去半个小时了：妈妈必须赶回单位。看着妈妈穿上外套准备离开，泪痕还没干的哲哲又开始了撕心裂肺的哭泣，妈妈很为难，留在家里的话，这才上班第一天，未免没法向领导交代，于是狠心地走了。但妈妈的心已经被打乱了，即使上班，也会担心哲哲。

就这样，妈妈怀着忐忑不安的心情来到单位，结果还是超出了一个小时的请假时间，迟到了。一想起哲哲在她离开时撕心裂肺的哭泣，她在办公室里就如坐针毡。好不容易熬到中午，妈妈赶紧给奶奶打电话问哲哲吃饭和午休的情况，出乎她的意料，奶奶说哲哲这次只哭了一小会儿就情绪好转开始玩玩具了，而且还口中念念有词："妈妈去班班挣钱，给哲哲买好吃的。"妈妈听后悬着的心这才放下。

显而易见，哲哲是典型的分离焦虑症。从出生之后，哲哲一直由妈妈照顾，再加上妈妈作为女性，对哲哲照顾得非常周到细致，因而当妈妈要出去工作，而不得不把哲哲交给奶奶照顾时，哲哲未免会因为家里缺少妈妈而感到极度不适应。在这种情况下，妈妈应该正面和哲哲告别，不要在哲哲睡着的时候离开，而应该当着哲哲的面告诉哲哲自己要去工作。这样哲哲虽然会哭泣，但是却能够渐渐接受这个事实，也在经历过几次之后，就确定妈妈尽管离开，但是下班之后一定会回家，从而彻底减轻哲哲的分离焦虑症状。上述事例中，妈妈第二次离开家的时候，一定是告诉了哲哲，妈妈是去上班挣钱，给哲哲买好吃的，所以哲哲才能很快恢复情绪，不再感到焦虑不安。

> 为了避免孩子出现严重的分离焦虑症状，首先，在平日里带孩子时，就应该避免孩子只由一个人带的情况，从而让孩子接受自己会由多个亲人监管的事实。其次，在养育孩子的过程中，还应该注意培养孩子的独立性。尤其是作为女性要肩负起抚养孩子的重任时，一定要给予孩子更多的机会锻炼他独立自主的能力，而不要对孩子进行过度细致入微的照顾，否则孩子的性格就会过于软弱，也会对女性照顾过分依赖。

其实这么做还有未雨绸缪的效果，因为大多数孩子在三岁入园前后都会表现出分离焦虑症状，那么提前锻炼孩子的独立能力，孩子就能更顺利地度过入园焦虑期，也能形成独立坚强的性格。当然，如果孩子入园时出现严重分离焦虑状况，父母还可以为孩子准备一些平日里喜欢的玩具，让孩子带到幼儿园去。当孩子感到焦虑不安时，如果能看到自己熟悉和喜欢的玩具，也有助于减轻焦虑情绪，帮助自己恢复平静。

作为父母一定要知道，孩子只有摆脱对父母的依赖，才能真正独自支撑起自己的生活。与其等到迫不得已时被动地逼着孩子独立，还不如在平日里教养孩子时就循序渐进地教会孩子独立生活的能力，如自己吃饭、穿衣服，自己看书、玩玩具等。这样一来，等到孩子渐渐长大，才能水到渠成地走入自己的生活，也具备更强的心理承受能力，不会因为分离而感到焦虑。

9. 给孩子说"不"的权利

转眼之间，奶奶来到家里已经半年了，哲哲也刚刚过完三岁生日，再过一段时间就要先去幼儿园亲子班适应，准备正式上幼儿园了。但是妈妈却发现一个不好的苗头：那就是哲哲最近变得特别喜欢说"不"。原本那个听话乖巧的哲哲哪儿去了，妈妈以为是奶奶过度宠爱哲哲，才导致哲哲变得任性，后来发现根本不是奶奶的原因，而是哲哲不管遇到什么事情，第一时间就会说"不"。

哲哲到底怎么了？离青春叛逆期还早着呢！妈妈百思不得其解。一个

二

周末，妈妈要求哲哲快点儿起床吃饭，哲哲用被子蒙着头，大喊大叫："我不，我不，我偏不！"妈妈先是好言劝说哲哲，哲哲不听，无奈妈妈只好强迫哲哲起床，亲自给哲哲穿衣服，不想，哲哲满床打滚，就是不愿意配合妈妈。没过多久，妈妈耐心耗尽，对着哲哲的屁股狠狠打了两巴掌。听到哲哲撕心裂肺的哭声，爸爸赶紧过来查看情况，得知妈妈因为哲哲不肯起床而打了哲哲，爸爸把妈妈叫到一边，小声说："孩子不想起床，又是周末，就随他自己吧，反正早饭吃晚点儿也没关系。"妈妈生气地说："你平日里在家少是不知道，他最近越来越讨厌，不管我让他干什么，他都说不，不分青红皂白先跟我对着干。"爸爸笑起来，说："孩子叛逆期不都这样吗？你也不希望哲哲唯唯诺诺吧。孩子敢说'不'是好事情吗，说明他有自己的主见了。"妈妈惊讶地反问："叛逆期？不是十二岁前后才进入叛逆期吗？"爸爸听后笑了起来："看吧，你怀孕的时候非让我负责看孕产书籍，你就不知道孩子有好几个叛逆期，三四岁时正好处于叛逆期呢！"妈妈恍然大悟："原来这么小的孩子也有叛逆期啊！"

孩子三四岁的时候，随着自我意识不断增强，再也不愿意对父母言听计从了，也因此进入叛逆期。正如事例中爸爸所说的，孩子喜欢说"不"是件好事，至少证明孩子已经随着不断成长拥有了自我意识，也变得更加自主。否则，如果孩子始终都唯唯诺诺，没有自主意识，又如何能够成长为独立的生命个体呢？

从本质上而言，孩子的叛逆期并非是真正叛逆期，而是标志着孩子们进入了自我意识敏感期。随着这个时期的到来，孩子进入生命中的重要阶段，因而父母不要因为孩子的叛逆而气愤，甚至批评、责罚孩子。而是应该了解孩子的心理发展规律，从而才能更加尊重孩子，以符合孩子身心发展规律的方法对待孩子，帮助孩子更好地成长。

每个父母都要给孩子说"不"的权利，当孩子总是说"不"时，父母也无须感到焦虑。对于孩子的成长，只有父母摆正心态，孩子才能从容应对。父母一定要尊重孩子，给予孩子诉说的机会，也由此走入孩子内心，了解孩子。记住，孩子喜欢说"不"只是表面现象，他的心理状态有所改变，内心需求发生变化，才是最根本的原因。

10. 为孩子按下"暂停键"

乐乐已经读小学三年级了，他一改小时候胆小怯懦的性格特点，变得很暴躁，总是稍有不如意就生气，而且无法控制这样的情绪。自从上次一怒之下在班级同学的QQ群里骂了老师，妈妈意识到必须引导乐乐积极控制和管理情绪，因而就专门学习关于情绪管理的方法。

在一本书中，妈妈学习到"暂停法"，这个方法是专门针对那些情绪容易冲动，但是却不能合理控制自己情绪的孩子的。当乐乐再次因为一件小事情而大发脾气时，妈妈借机教育乐乐要学会控制自己的情绪，并且告诉乐乐情绪失控的危害，还把"暂停法"教给乐乐。一天放学后，乐乐因为排队的事情与同学发生冲突，这次他尝试着使用"暂停法"，"按"下自己的"情绪暂停键"，果然没有失控，而且还很好地消除了坏情绪。回到家里，乐乐兴致勃勃地把这件事情告诉妈妈，妈妈当即大力表扬乐乐，语重心长地对乐乐说："人的情绪就像是一匹马，好的马能帮助人们做很多事情，但是一旦成为脱缰的野马，就会给人带来很大的伤害。"乐乐若有所思，重重地点点头，认可妈妈的说法。

有一次，妈妈和乐乐之间发生了冲突，彼此情绪都很激动。突然，妈妈对乐乐说："好吧，暂停，晚些时候等情绪恢复平静，咱们再谈。"乐乐非常配合，没有继续纠缠，妈妈感到很高兴，因为乐乐已经真的能够有意识地控制自己的情绪了。

很多人都曾使用过录音机或者播放机，那么就知道每个机器上都有开始键，也有暂停键。所谓暂停法，就是要按下情绪的"暂停键"，这样孩子才能及时终止负面情绪，给自己更多的时间去调整心态，恢复良好情绪。对于孩子而言，暂停法是非常适用且具有作用的，因为暂停法符合孩子的身心发展规律。首先，孩子缺乏理性，更加感性，因而无法在情绪冲动时以理智战胜冲动；其次，孩子的理解能力和思考能力有限，对于很多事情的辨识能力也不足，因而唯有先暂停，才能切实有效地控制情绪，恢复平静。

曾经有心理学家研究发现，在教养孩子的过程中，有很多父母都曾经无意识地使用过暂停法，但是他们并不知道何为真正的暂停，也不知道为何孩子更适用情绪暂停法。**积极的暂停，尤其是当发生亲子冲突时，对于管控情绪是很有效的**。众所周知，愤怒会使人的智商降低，因而人在愤怒的情况下很难想出解决问题的好方法。而积极的暂停能够帮助矛盾双方都暂时放下过去的事情，更加理性地面对未来，解决问题，因而对于帮助孩子做出理智思考和真正解决问题有很大好处。不过需要注意的是，暂停法不适用于三岁之前的孩子，因为三岁前的孩子还不具备良好的思考和推理能力，暂停只会使他们的思维戛然而止，而无益于他们解决问题。由此可见，要想针对孩子的身心发育情况有效教养孩子，首先要了解孩子的身心发展规律和状况，其次要调整好作为教养者的态度。

第三章 和善而坚定地教养，让孩子养成好习惯

好习惯成就一生，对于孩子而言好习惯是非常重要的，将会对他们的生活与学习产生积极的影响和作用。然而，如何才能让孩子养成好习惯呢？为何有些孩子习惯特别好，而有些孩子总是与恶劣的习惯纠缠呢？究其原因，孩子是否养成好习惯与父母的教养方式有很大的关系，唯有和善而坚定地教养，才能帮助孩子养成好习惯。

1. 专注，让孩子成就未来

　　三岁的哲哲最近特别安静，不管在哪里玩耍，都喜欢蹲着看蚂蚁。有时候，他蹲守十几分钟就是为了能看到蚂蚁，然后还要继续观察至少半个小时。如果腿都蹲得麻木了，他就选择坐在地上继续看，而不愿意接受妈妈的建议去玩滑梯，也不愿意玩他最喜欢的秋千。哲哲这是怎么了？看着哲哲看蚂蚁时痴痴傻傻的样子，妈妈不免担心起来，甚至怀疑哲哲是不是魔怔了。

　　一个周末，妈妈带着哲哲去小区公园里玩耍，想让哲哲多多运动，多晒太阳，长高个。不想，哲哲到了公园，又走到草丛里蹲下来，想看看有没有蚂蚁出现。妈妈耐心地等了哲哲十几分钟，看到哲哲继续蹲在那里一动不动，不由得着急起来，因而催促哲哲："哲哲，蚂蚁有什么好看的呀！你看看，小朋友们都在玩滑梯，你也去玩滑梯好不好？滑梯那里还有太阳照着，很暖和，多好。"哲哲不为所动，头也不抬。妈妈又等了几分钟，索性过去拉着哲哲的胳膊，想把哲哲拉起来。没想到，哲哲为了对抗妈妈，居然一屁股坐在地上，哭着说："我就要看蚂蚁，就要看蚂蚁。"

　　这时，小区里的邻居——一位正在健身器材上锻炼的老教师对妈妈说："哲哲妈妈，哲哲喜欢看蚂蚁，你不要打扰他。"妈妈说："这里是阴凉地，比较冷，我想让他多运动运动，这样吃饭胃口也能好些。"老教师笑了，说："那你想让哲哲以后上课坐不住，写作业也不能一气呵成吗？"妈妈不知其所以然，连连摇头。老教师接着说："我当教师这么多年，遇到过很多专注力不好的孩子,他们的学习成绩都很差。相反,班级里所谓的尖子生、优等生,都是专注力很好的孩子。哲哲如今正是在养成专注力的时候,不管他做什么事情,你都不要轻易打扰他,这样他才能养成专心致志的好习惯,以后终身受益。"妈妈恍然大悟,再也不打扰哲哲看蚂蚁了。果然,半个小时之后,哲哲兴奋地抬起头,对妈妈喊道:"妈妈,蚂蚁找到食物了,是一块特别小的面包,就像米粒那么大。"看着哲哲兴奋的样子,妈妈似乎理解了哲哲。

三岁的哲哲正处于对外界感兴趣的时候,不管看到什么,他都会觉得特别新鲜,也会全身心地投入。但是妈妈却想让哲哲按照她的安排去做,殊不知,哲哲虽然小,却有自己的主见,也有自己感兴趣的事物,因而当然不愿意按照妈妈的想法去做。在这种情况下,打扰和强迫哲哲都是不对的,唯有尊重哲哲,让哲哲按照自己的意愿认真观察蚂蚁,才是正确的做法。

对于孩子的专注和痴迷,父母不应该反对或者试图改变,而应该尊重孩子,保护孩子的专注力。

> 现实生活中,很多父母都对孩子感兴趣的事情不以为然,觉得孩子的兴趣根本不值得一提。实际上,孩子关注世界的角度和父母是截然不同的,父母会带着价值观去衡量一件事情是否值得耗费时间与精力去做,而孩子更关注事物本身,更在乎自己的兴趣所在。孩子的心更单纯,往往能够留意到成人不曾发现的小细节,并且因为洞察其中的奥秘而感受到乐趣。作为父母,要怀着一颗赤子之心去了解孩子,也要为孩子提供更多的机会细致入微地观察和了解这个世界。

在培养专注力的同时,孩子的想象力也会因为有了广阔的空间而得以发展，所以父母的尊重与呵护，是对孩子最好的爱。

2. 放手，让孩子更加独立

乐乐已经九岁了，读小学三年级。他想独自去上学，但是妈妈不同意，尤其是姥姥更是强烈反对。理由很简单，姥姥觉得路上车多人多，而且要过3个十字路口，简直太危险了。然而乐乐坚持要自己去上学，妈妈思来想去，只好勉强同意，但是私下里和乐乐约定，必须由乐乐想办法说服姥姥。

一天吃早饭，姥姥已经把饭菜盛到桌子上了，但是乐乐却只是坐着，纹丝不动。姥姥很纳闷，妈妈心中窃喜，以为乐乐要靠着绝食来说服姥姥呢。眼看着就要到出门上学的时间了，乐乐还没有吃饭，姥姥忍不住催促道："乐乐，你怎么还没有吃饭呢？上学快迟到了！"乐乐皱起眉头说："姥姥，您还没有给我拿筷子呢！"姥姥一拍脑门："哎呀，我真是老糊涂了，只让你吃饭，没给你拿筷子。但是乐乐，你已经九岁了，就不能自己拿筷子吗？"乐乐狡黠地笑了："姥姥，我从未拿过筷子，不知道筷子在哪里。"就这样，乐乐原本是争抢着做事情的，但是现在却变得懒惰了，妈妈不知道乐乐的葫芦里卖的什么药，只好静观其变。

一天，姥姥给乐乐煮好鸡蛋，乐乐却不吃，因为他不会剥壳。姥姥忍不住抱怨："乐乐，你都这么大了，什么都不会做，以后怎么办啊？"殊不知，乐乐正等着这句话呢，他马上反驳道："姥姥，我连过马路都不会，还需要会什么呀！"姥姥这才意识到乐乐挖的坑正在这里等着她呢，但却哑口无言，心想：的确，乐乐已经九岁了，只要教会他怎么过马路，他完全可以自己上学了。就这样，乐乐顺利说服了姥姥，第二天早晨就兴冲冲地一个人去上学了。虽然他出门之前姥姥对他千叮咛万嘱咐，但是也总比还被姥姥牵着手送去学校好吧。

如今，很多父母都抱怨孩子这个也不会做，那个也不能做，却不知道孩子之所以什么都不会，并不是孩子自身的能力有问题，而是父母的教养方式有问题。在上述事例中，作为三年级的小学生，乐乐想要独自上下学，是完全可以的。但是姥姥却因为担忧，始终不同意，使得乐乐不得不想办法说服姥姥。幸好乐乐最终巧妙地说服了姥姥，能够自己独立去上学了。

在很多有老人带孩子的家庭中，老人总是顾虑重重，尤其担心孩子出现各种各样的安全问题。相比老人，父母因为年轻，育儿观念会更先进。在这种情况下，父母一定要把握好孩子的教育观，千万不要把孩子养育成高分低能的典型。还有些妈妈在带孩子时，总是怕孩子把家里弄得又脏又乱，所以什么都不让孩子做。殊不知，妈妈代劳的确能把事情做得又快又好，却也会导致孩子各个方面的能力都得不到发展，这对于孩子的成长而言是没有任何好处的。

要想让孩子健康成长，各方面能力均衡发展，最重要的不是限制孩子干活，而是要学会放手，给予孩子更多锻炼的机会。 孩子第一次独立吃饭时，一定会把饭菜弄得到处都是，也会把桌子弄得脏兮兮的。如果父母因此不让孩子独立吃饭，那么孩子有可能几年以后也学不会独立吃饭。如今，有很多三岁半前后入园的孩子不能独立吃饭，不但给老师增加喂饭的负担，而且对于孩子的成长也有负面影响。而如果父母能够多付出一些耐心让孩子自己学会吃饭，给孩子机会练习吃饭，不抱怨地打扫孩子吃饭的残局，

那么要不了多久,孩子吃饭就会越来也好,身体也会更加强壮。在生活中,有很多诸如吃饭这样的事情都是锻炼孩子自己去做的,例如,穿衣服、穿鞋子、洗脸刷牙、洗手帕等,最重要的是父母一定要端正态度,不要以爱的名义为孩子代劳,否则就是耽误了孩子独立能力的发展。记住:要想让孩子变得更加独立,父母首先要学会放手,这样孩子才能大显身手。

3. 饿了,孩子才会吃得更香

　　欢欢快两岁了,却长得很瘦,就像一颗豆芽菜。原来,每次吃饭的时候,妈妈都要端起碗喂欢欢,有的时候欢欢不想吃,妈妈还要端着碗追着欢欢喂,这样一来,欢欢吃饭就更不香了。因为身体弱,欢欢还经常生病,隔三岔五就要去医院报到,弄得妈妈疲惫不堪。每当看到身强体壮的小朋友,妈妈就很羡慕,总是梦想着欢欢要是有一天吃饭也那么香,把身体养得棒棒的就好了。

　　春节到了,欢欢和爸爸妈妈、哥哥一起回到农村的奶奶家里。原本,妈妈担心奶奶家里地处偏僻的农村,不方便买小零食,所以还特意买了一些小零食带上,以备欢欢饿的时候吃。没想到,欢欢到了奶奶家彻底撒欢了,她一整天都在院子里玩耍,还和村子里的小朋友们一起打闹,完全把吃零食这码事抛之脑后了。妈妈担心欢欢饿着,就主动拿零食喂欢欢,奶奶提醒妈妈:"再有一个小时就吃午饭了,不要喂了,让她跑一跑好吃饭。"妈妈说:"可是她早饭就没怎么吃。"奶奶说:"我看出来,这个孩子吃饭不好,没有哥哥强壮,不过饿几顿就好了。"看到奶奶把自己一直以来担心的事情说得如此轻描淡写，妈妈有些半信半疑，但是欢欢玩得正高兴呢，根本不想吃零食，妈妈也只得作罢。

吃午饭的时间到了，奶奶把饭盛好放在桌子上，妈妈正准备喂饭，奶奶说："让她自己吃吧，你也吃饭，不然一会儿就凉了。"妈妈说："我都很久没有吃过热饭了，总是喂完她再吃，她自己吃得不好。"奶奶不置可否，让欢欢靠着叔叔家的小妹妹一起坐着吃饭。看到小妹妹小嘴吧嗒吧嗒很快就吃光了半碗饭，原本边吃边玩的欢欢也费劲地拿起勺子开始吃饭。她似乎怕小妹妹吃完了自己碗里的饭会抢她的，因而片刻也不敢耽误，很快就把一碗饭吃完了。妈妈简直震惊了，心服口服地看着奶奶，问："您就这样把她挑食、胃口不好、不能自己吃饭的坏习惯都改好啦？"奶奶得意地说："等着吧，几天就长肉！"妈妈笑了。

如果妈妈在饭前给欢欢喂零食，那么到了吃饭的时间，欢欢因为没有饥饿感，也因为贪玩，必然没有心思吃饭。幸好奶奶制止了妈妈，玩得尽兴的欢欢才能因为疲劳和饥饿，在吃饭的时候安安静静地和大家一起坐在桌旁，享受美食。但是显然她独立吃饭的能力还不够，所以她一开始吃得很慢，边吃边玩，这也是因为她习惯了在妈妈给她喂饭的时候边吃边玩。到了天地广阔的农村，欢欢玩得高兴，不但忘记吃零食，而且消耗大量的体力，到了吃饭时既感到很饿，也没有精力再继续玩耍了。所以，她才能安安静静地坐在餐桌旁吃饭。

孩子在不饿的情况下，当然吃不进去任何东西，在玩耍时，吃饭也会三心二意。所以，孩子不爱吃饭，只是习惯问题，作为父母一定要帮助孩子养成良好的进餐习惯，定时定量，这样孩子才能长得强壮。很多妈妈爱子心切，总是担心孩子饿着，所以总是给孩子吃各种各样的零食。殊不知

二 如今生活条件这么好，孩子哪里会饿得着呢？

还有的孩子偏食，吃什么东西都不香，只吃自己觉得好吃的一两样东西，渐渐地就会导致营养不良，显得面黄肌瘦。实际上，孩子偏食和家庭饮食习惯有很大关系，很多父母本身就偏食，做饭的时候专挑自己喜欢吃的做，日久天长，孩子也必然偏食。还有的父母过分宠溺孩子，看到孩子有一次不吃某种菜，就断定孩子不爱吃那种菜，从此之后再也不做那种菜。然而，孩子带有很大的情绪化，吃饭的口味也是随时改变的，也许这顿不吃的到下顿就吃了，所以父母一定不要因为孩子某一时刻的口味就断定孩子的口味，更不要因此而成为孩子偏食的帮凶。为了孩子能够健康成长，父母要做各种口味的饭菜，从而调动孩子的食欲，激发孩子的胃口，让孩子吃嘛嘛香，身体倍棒。

4．父母大手大脚，孩子不知节约

皮特是个非常聪明的孩子，但是唯独有一点不好，就是他很喜欢浪费，完全没有勤俭节约的概念。最初，皮特只是对吃的食物不懂得珍惜，吃到什么好吃的就吃很多，对于自己不喜欢吃的就会毫不心疼地扔到垃圾桶里。妈妈不止一次告诉皮特要珍惜食物，皮特就是充耳不闻。随着渐渐长大，皮特表现出更严重的浪费，对于妈妈为他买的学习用具，也总是不知道爱护，每天不是丢这个，就是丢那个。妈妈意识到问题的严重性，下决心要改变皮特这种浪费的坏习惯，让皮特懂得一粥一饭都来之不易，钱也是很辛苦才能挣来的。

一天，妈妈带皮特去游乐场玩，为了避免皮特浪费，妈妈故意带了很少的食物。要知道，在以前，妈妈总是买一大包好吃的，让皮特愿意吃什么就吃什么，随心所欲。玩了3个小时后，皮特感到饿了，就向妈妈要吃的。妈妈拿出两个馒头，给了皮特一个，自己留了一个。又拿出两个卤鸡蛋，和皮特一人一个夹到馒头里。当然，妈妈的包里还有两瓶水和两个苹果，也是与皮特平均分的。皮特饿极了，三口两口就吃完了食物，又咕嘟咕嘟喝了半瓶水，然后就又开开心心地去玩了。玩到下午，皮特又饿了，毕竟在游乐场玩耍是很消耗体力的。这时，妈妈拿出仅剩的半瓶水给皮特，皮特不由得皱起眉头："妈妈，没有吃的了吗？"妈妈摇摇头："中午都吃完了呀！"皮特说过："可是我现在很饿。"妈妈说："要不就回家吃饭，如果继续玩，就只能忍着。"皮特眼珠子咕噜噜直转，看着远处的小食摊，问："我们不能去买些吃的吗？"妈妈坚决地说："不能，我把所有的钱都买门票了。"皮特忍着饿又玩了一小会儿，终于忍不住说："哎，妈妈，我真后悔以前浪费了那么多食物。"妈妈借机教育皮特："皮特，美味的食物得来不易，而且是有限的，一定要珍惜食物。而且，那些食物都是爸爸妈妈辛苦挣钱买来的，咱们家的钱也是有限的，明白吗？"皮特点点头，说："妈妈，我觉得你和爸爸也会浪费，比如你们上次把不喜欢的一种东西丢掉了。"妈妈反思道："是的，所以看到你浪费，爸爸妈妈没有首先批评你，而是先改正自己。你不觉得，我和爸爸现在都变得节约了吗？我觉得你也应该节约，这样咱们一家三口就是节约小分队，好不好？"皮特点点头，对妈妈的话表示认可。

孩子是父母的一面镜子，孩子的很多行为都能折射出父母的样子。皮特之所以大手大脚，与爸爸妈妈的行为习惯有很大关系。妈妈每次买东西都买很多，必然给皮特造成错觉，觉得东西反正多得是，完全不需要珍惜，日久天长，皮特也会养成浪费的坏习惯。因而要想让皮特改变浪费的行为，养成勤俭节约的好习惯，爸爸妈妈就要反思自己，从自身做起，才能给皮特树立好榜样。否则，如果爸爸妈妈依然如故，而只是要求皮特必须节俭，那么就是"只许州官放火，不许百姓点灯"了，如此自然会引起皮特的逆反心理，导致对皮特的教育效果大打折扣。

中华民族历来以勤俭节约作为传统美德。但是在现代社会，因为物质生活水平不断的提高，所以很多父母总是竭尽所能地给孩子最好的，几乎无条件地满足孩子的一切需求，导致如今的孩子吃什么都不香，看到什么玩具也都不稀罕，这完全是生活太过富裕、供应太过充足导致的。

> 教育从来都是需要持续进行的大工程，每一个人都要把如何做好父母当成是毕生的事业去用心经营，才能竭尽所能教育好孩子，让孩子养成勤俭节约的好习惯。

当然，节约并不局限于生活中的某一个方面，而是会渗透到生活的方方面面，所以父母在教育孩子时也要把节约意识渗透到生活中的每一个细节，从而才能让孩子在潜移默化中形成节约意识，也养成节约的好习惯。当然，作为父母，在意识到勤俭节约对于孩子的重要影响之后，也应该当机立断，反思自身是否节约，而不要大手大脚地浪费从而给孩子树立坏的榜样。

5．财商，应该从小培养

每年春节，皮特和很多讨喜的孩子一样，一见到长辈或者亲戚，就马上双手一伸："新年愉快，红包拿来。"看到皮特的小嘴就像抹了蜜一样甜，长辈们也都很给面子，当即掏出红包塞到皮特的手里。就这样，一个春节过去，皮特的收获很多，足足有大几千块。然而，皮特要红包很积极，却缺少财商，总是在要来红包之后随便就塞到哪个犄角旮旯里，或者拿来去买各种玩具，完全不知道合理分配，更没有储蓄意识。

眼看着皮特就快九周岁了，妈妈不由得为他的神经大条着急起来。皮特为什么丝毫没有金钱意识呢？原来，皮特日常生活的一切需求都是妈妈提前为他准备好的，这样一来，不管需要什么，皮特只需要和妈妈张嘴就行，根本不知道金钱有多么的重要。这不，刚刚过完春节，皮特就告诉妈妈自己需要一个新书包。妈妈问："你的压岁钱还剩下多少？"皮特挠挠头，说："不知道啊！我买玩具花了一些，还剩下多少忘记放在哪里了。"妈妈说："那你赶快去找呀，因为你要花自己的压岁钱买书包，妈妈最近财务吃紧，你下学期的零花钱也要从压岁钱里出。"听到妈妈的话，皮特一下子慌了神："什么？你怎么不早说啊！早知道我就不给舅舅家的表弟200元了呢！"说着皮特就赶紧翻箱倒柜去找压岁钱，好不容易才找出来1000多元。他发愁地问妈妈："妈妈，书包需要多少钱？我这点儿钱不够一个学期零花的吧？"妈妈幸灾乐祸地说："谁让你之前拿钱不当钱呢，你自己规划吧，做好预算，多少钱用于买书包，剩下的钱每个月可以分配多少零花钱。为了防止你临时需要买东西，你最好预留一部分机动的钱随机调配。"经过妈妈这番点拨，皮特果断做出了一个计划表，虽然分配得不是很合理，但妈妈已经觉得很满意了。她给皮特提了些意见让皮特改进，也给了皮特空间让他自己去在执行金钱规划的过程中不断反思、改进，总结经验，以便以后可以做得更好。

很多父母都希望为孩子创造最好的条件，从而让孩子一生无忧，但殊不知这根本不可能实现。也许在孩子小的时候，父母能竭尽所能为孩子创造便利的生活条件，但是随着孩子不断成长，他们对于金钱的需求也会越来越大，所以父母很难满足他们所有的需求。明智的父母会引导孩子进行理财计划，先教会孩子如何合理地规划与使用金钱，再引导孩子养成储蓄的习惯，并慢慢学会理财。如果父母是理财高手，那么孩子在父母的影响下也能学会理财；如果父母本身财商就很低，那么为了孩子也要提高自己的财商，从而才能提高孩子的财商，让孩子早早学会合理地分配和使用金钱。

对于财商的理解，很多人都存在误区，总觉得孩子长大之后自然就会规划金钱了。实际上，财商并不仅仅是规划金钱那么简单，还包括如何赚钱、运作资金、让钱生钱等各种与金钱有关的挣钱、理财方式。培养孩子的财商一定要尽早，这样才能让孩子形成金钱意识，也才有利于孩子更早、更好地规划金钱和人生。例如，孩子两三岁，父母就可以带着孩子去跳蚤市场，让孩子认识交易的最初形式——交换。孩子到了四五岁，父母还可以让孩子出售自己的二手玩具，并不是为了赚多少钱，而是为了让孩子形成金钱意识，拥有财商。总而言之，正如理财的人爱说的那句话一样——你不理财，财不理你，唯有让孩子认识金钱、了解金钱，才能让他们以恰到好处的态度看待金钱，从而拥有更从容、更美好的人生。

6．写作业拖拖拉拉为什么

到了三年级之后，皮特的作业明显多了起来，虽然下午三点钟就放学了，但是回家之后，往往需要写3个小时的作业。有的时候，看着皮特疲惫不堪的样子，妈妈很心疼。为了提升皮特写作业的速度，她甚至专门坐到皮特身边陪伴皮特。然而，妈妈的陪伴非但没有让皮特快速完成作业，反而因为妈妈时不时地提醒皮特抬头挺胸，或者在皮特遇到难题时打断他去给他讲解，导致皮特完成作业的速度更慢，时间拖得更长。

妈妈实在无计可施，只好在班级群里向几个要好的妈妈取经。得到其他妈妈的反馈，得知大多数孩子两个小时左右就能完成作业，妈妈气急了，在看到皮特写作业故意拖延时，忍不住和皮特大吵一架。然而，吵架归吵架，写作业的问题还是要解决，不然皮特总是戴着熊猫眼去学校，如何能保证课堂听讲的质量呢？得知妈妈的困惑，老师建议妈妈不要看着皮特写作业，而是给皮特规定完成作业的时间。妈妈暗暗想道：看着写作业，皮特都这么慢，如果放任自流，岂不是更慢吗？但是既然没有更好的办法，也只好姑且一试。

在控制好情绪，苦口婆心地与皮特交谈之后，妈妈决定放手。第一天，她没有看着皮特写作业，皮特完成作业的时间没有太大的改变。此后接连几天，皮特都一如往常，妈妈也时不时地去书房查看皮特的状态。这样经过一个星期之后，妈妈决定想办法提升皮特写作业的速度。周一那天，妈妈对刚刚放学回家的皮特说："今天晚上有个朋友请妈妈吃饭，你想一起去吗？"毫无疑问，皮特欢呼雀跃，妈妈紧接着说："但是，吃饭的时间定在六点半，我觉得你可能赶不上。"不想，皮特当即表示自己一定会在六点之前写完作业。妈妈半信半疑，没想到皮特五点半就完成了作业。在去饭店的路上，妈妈引导皮特："皮特，你今天完成作业的速度很快啊！如果平时也这么快，那就好了，这样你不但有了休息的时间，还可以看你喜欢的课外书。"皮特眼前一亮："我完成作业后可以看课外书吗？"妈妈点点头，皮特说："好的，妈妈，我以后一定争取尽早完成。"

果然，周二，皮特六点多就完成了作业。吃完晚饭之后，他舒舒服服地看了一个小时的课外书。看着皮特心满意足的样子，妈妈趁热打铁："睡前看一会儿书，是不是很舒服啊，而且也不用妈妈催着完成作业了，心情一定大好吧？"皮特点点头，说："与其浪费时间，把写作业的过程变得很长，还不如尽快完成作业，还可以专心地做自己喜欢的事情。"妈妈由衷地向皮特竖起大拇指："我儿子还是很明白的嘛，那妈妈以后就看你的表现喽，好不好？"皮特调皮地向妈妈敬了个礼："保证没问题，madam。"

能够保质保量完成作业的孩子很多，但是能够积极主动完成作业的孩子却很少。之所以这么说，是因为大多数孩子都是通过自我约束才能完成作业，而非发自内心地喜欢写作业。人的本能是趋利避害，孩子当然也不例外，就像成年人不愿意辛苦地工作，因此孩子不愿意写作业也是人之常情，情有可原。但是为了孩子的长远考虑，作为父母，却依然要坚持不懈地与写作业拖拉的孩子斗智斗勇，这是在孩子学龄十几年的时间里父母千万不能懈怠的重要家庭任务。

现代社会，虽然生活节奏越来越快，工作压力越来越大，但是拖延的人却越来越多。不仅成年人为了逃避压力而拖延，孩子也因为不堪重负而拖延。**每天面对堆积如山的作业，孩子除了拖延还能怎样？**既不能不完成作业，又不甘愿完成作业，拖延就成了最好的选择，也是孩子潜意识中做出的选择。只有了解了孩子拖延的心理原因后，父母才能有的放矢地改变孩子拖延的状态。

上述事例中，皮特的妈妈在用尽办法之后，最终放弃了陪着皮特写作业的方法。毕竟，孩子的学龄很长，父母不可能一直看着孩子写作业，既然孩子以学习为重任，父母当然也有自己的工作要做。唯有帮助孩子养成良好的学习习惯，让孩子积极主动地完成作业，才是一劳永逸的方法。妈妈在退出皮特的书房之后，选择相信皮特能够管理好自己。当看到皮特真的能以往常的速度完成作业后，她又开始第二轮对策，即用特殊的原因激励皮特尽快完成作业，让皮特切实感受到写作业不拖延的好处。如此一来，妈妈不需要说任何教条的话，就能让皮特主动提升写作业的速度，也爱上了尽快完成作业后悠闲自在地读课外书的惬意。显而易见，这是比任何教条的说教都更具有力量的引导和改变方式。

7．分享，让孩子收获友谊

转眼之间，蹒跚学步的小老二欢欢也已经过了三周岁，马上就要进入幼儿园这个小小的社会了。为了给欢欢做好入园准备，妈妈特意给她报名参加亲子班，从而让欢欢学会与小朋友相处。

第一天上亲子班，欢欢就面临着挑战。原来，妈妈给欢欢准备了切好的各种水果，让欢欢带着水果和小朋友分享。然而，欢欢在家里答应得妈妈好好的，等到了亲子园，看到小朋友都要吃她带来的水果时，她却突然大哭起来，不停地喊着："这是我的，这是我的。"妈妈很尴尬，既不能阻止欢欢哭泣或者改变欢欢的想法，又不能让小朋友们马上停止分享水果。为了避免影响小朋友们的心情，妈妈只好把欢欢抱出教室。这时，亲子园的园长听到欢欢的哭声，从办公室里走出来。看着欢欢的小脸上挂满泪珠，园长和声细语地问："小美女，你怎么了？为什么生气呢？"妈妈尴尬地回答:"这个家伙在家说好要带水果和小朋友分享,现在又不乐意了。"园长看到妈妈情绪紧张,赶紧安抚道:"没关系,如今很多孩子都是独生子女,都面临这个问题。"说完,园长又转向欢欢:"我知道了,小美女,你一定是没有得到小朋友的礼物才生气的。咱们这样好不好?小朋友分享你的水果,你也分享小朋友们的糖果,好吗?你最爱吃什么糖果?"听说有糖果可以吃,欢欢奶声奶气地回答:"我爱吃巧克力。"园长说:"好吧,那现在咱们就回到教室和小朋友一起吃水果,然后再一起吃巧克力,好吗?"欢欢含着眼泪点点头。果然,等陪着小朋友们吃完水果之后,园长拿出一包微型巧克力,分给每个孩子一块,欢欢高兴极了,很快就与小朋友们熟悉起来,变成了好朋友。

太小的孩子还不懂得分享的含义,如果能够把分享变成交换,对于他们而言则更容易接受。正如园长所说,大多数孩子都是独生子女,就算是欢欢这样的老二,也是得到了完全的爱,所以根本没有养成分享的习惯。除了极个别孩子之外,大部分孩子都是去了幼儿园才学会分享的。而如何让刚刚进入幼儿园的孩子懂得分享,这是个必须好好琢磨和对待的大难题。

上述事例中,园长不愧有着丰富的育儿经验,在看到欢欢反悔,不想与小朋友分享之后,没有强迫欢欢一定要分享,更没有批评欢欢小气,而是拿出自己的看家法宝——一大包微型巧克力,作为交换,让欢欢先与小朋友一起分享水果,再与小朋友一起分享巧克力。无疑,这是一个两全其美、皆大欢喜的好方法,也成功安抚了欢欢的情绪,更让欢欢意识到分享是既有付出,也有得到,所以能够引导欢欢爱上分享。

> 对于太小的孩子，不要强求分享，毕竟单纯的分享而没有收获，对于自我意识需要增强的孩子而言，具有很大的挑战性。与其影响孩子的心情，让孩子畏惧分享，不如改变一种方式，把分享变成交换，孩子就会更乐于接受。

孩子从家庭步入幼儿园，算是真正迈出了走向社会的第一步，在幼儿园里可不像在家一样能独享所有的好东西，因而孩子需要一个适应的阶段。其实，为了给孩子做好分享的准备，父母在孩子入园之前就可以有意识地与孩子分享，比如有了好吃的不要让孩子吃独食，而是要与孩子分而食之，这样孩子在进入幼儿园后对于分享会更乐于接受。

总之，不管是交换还是分享，都是孩子收获友谊的第一步。面对陌生的同伴，如果能从同伴那里得到甜蜜的分享，那么彼此之间在心理上就会亲近很多。因而作为父母，在孩子不愿意分享时千万不要强迫，否则会导致孩子对分享更加排斥。唯有以恰当的方式引导孩子分享，让孩子意识到分享是收获友谊的第一步，孩子才会接纳分享，乐于分享。孩子的心灵太稚嫩，经不起任何粗暴的方式，唯有用心了解孩子、包容孩子，用真诚引导孩子，才能更好地陪伴孩子成长。

8．拖延，是一种消极的反抗

每天晚上到了洗漱的时间，妈妈都要因为洗漱问题和杰米展开激烈的"斗争"。原因就是，杰米最讨厌洗漱，不管是洗脸还是刷牙，抑或是洗脚、洗屁股，杰米统统排斥。但是他很清楚不可能向妈妈提出取消洗漱的请求，因为妈妈根本不可能同意。为此，他只能一拖再拖，直到不得不去洗漱的时候，才磨磨蹭蹭地去洗手间。有的时候，如果妈妈因为有事耽误了，没有及时催促他，他还会假装睡着了，从而逃过洗漱。对此，妈妈很生气，她想不明白杰米怎么这么不讲究卫生，洗得干干净净、舒舒服服地睡觉不好吗？难道非要带着满身灰尘和疲惫入睡吗？

一天晚上，眼看着又要到洗漱休息的时间了，杰米突然说自己肚子饿了，需要吃东西。妈妈想到杰米晚饭吃得比较少，就特别批准杰米可以喝一杯牛奶，吃一片面包。然而，杰米吃东西的时候却磨磨蹭蹭，拖延很久。等到吃完东西后，杰米又恳求妈妈："妈妈，我太累了，太困了，能不能不洗漱直接睡觉呢？"妈妈突然意识到杰米是因为不想洗漱，所以才想尽办法拖延时间，因而正色道："不可以，你必须洗漱之后才能睡觉。就算你想出再多的花样，也不能逃避洗漱。"看到妈妈坚决的眼神，杰米放弃了毫无意义的恳求，只好极不情愿地去洗漱了。

孩子们对于自己不能改变的事情，又加之表达意见的话语权太弱，说出来的想法得不到父母的重视，因而只能采取拖延的方式去延缓自己不愿意做的事情。殊不知，拖延是非常消极被动的方式，根本不可能取得好的结果。要想彻底解决问题，避免孩子以拖延的方式消极抵抗，对父母而言，就必须耐心倾听孩子的心声，理解孩子的所思所想。唯有如此，孩子才敢于说出自己心里的真正想法，做到与父母进行有效沟通。

> 不仅是孩子，成年人在遇到难以解决的问题时，也会采取各种方式拖延，以尽量避免让自己去做从心里排斥和抗拒的事情。毕竟人的本能都是趋利避害的。成年人在面对自己头痛的事情时尚且有逃避的倾向，何况是心理和生理发育都不健全的孩子呢？

因此，作为孩子的监护人和陪伴者，父母一定要摆正心态，以正确的态度面对孩子的拖延，并采用正确的方式消除孩子的拖延心理，改善孩子的拖延行为。否则，一旦孩子真正养成拖延的坏习惯，不但会影响其成长，也会影响他们到成人之后的生活与工作。此外，父母也要注意改掉自身的拖延状态，这样才能给孩子树立一个好的榜样，对孩子起到正面的影响作用。

9．不强迫，让孩子自己做主

哲哲是个乖巧懂事的孩子，对妈妈言听计从，而且也特别依赖妈妈。有段时间，妈妈发现哲哲每天早晨起床都精神萎靡，幼儿园的老师也反映哲哲白天上课时，经常坐着坐着就睡着了。妈妈很纳闷：哲哲每天晚上八点钟都会准时睡觉，为何白天还这么困呢？听到妈妈说哲哲每天八点钟睡觉，老师也觉得纳闷：八点很早了啊，哲哲能睡着吗？因为中午在幼儿园里还要午休一个半小时到两个小时呢！老师这个问题可把妈妈问住了，因为每天晚上到了八点钟，妈妈都会让哲哲去自己的房间里关上门睡觉，而妈妈则要等到十点多才有时间去检查哲哲是否真的睡着了。原来，妈妈是做兼职工作的，每天晚上哲哲八点开始睡觉，妈妈就开始工作两个小时，直到十点钟。

看到妈妈困惑的样子，老师提醒妈妈："哲哲妈妈，孩子也并非睡得越早越好。我觉得对于哲哲这么大的孩子来说，白天在幼儿园里正常午休，晚上九点到十点钟睡觉即可，否则太早了也睡不着，反而影响睡眠质量。"

老师的话提醒了妈妈。当天晚上，妈妈八点半就去观察哲哲的睡眠情况，果不其然，哲哲正趴在窗户边看外面的夜景呢！妈妈恍然大悟，原来哲哲只是八点躺在床上而已，其实并没有睡着啊。妈妈问哲哲："你如果不困，为何要早早睡觉呢？"哲哲唯唯诺诺地回答："妈妈，是你让我八点睡觉的啊。"妈妈爱抚地摸着哲哲的头："如果你不想睡，还是可以晚一些上床的啊，可以看会儿漫画书，或者画画都可以。"哲哲惊喜地问："妈妈，真的吗？真的可以吗？"妈妈点点头，哲哲高兴得一蹦三尺高。

对于最亲近的妈妈，哲哲有了想法都不敢明确表达，可想而知他的性格是很怯懦的。当然，在孩子性格的养成过程中，先天因素只占一小部分原因，而生活的家庭环境、父母的言行举止等，对于孩子性格的最终养成有着至关重要的作用和影响。归根结底，没有任何一个孩子天生就带着性格而来，父母在教养孩子的过程中必须注意的是：一定不要对孩子过于强势，否则就会导致孩子变得胆小怯懦，尤其是不要强迫孩子，否则孩子一旦习惯了顺从，就会变得逆来顺受。

曾经有心理学家说过：每一个胆怯的孩子身后，至少有一个强势的母亲或者父亲。这句话尽管有些极端，但是却为我们揭示出家庭教育对于孩子的重要影响。所以父母要想参与孩子的成长，就要调整好心态，既不要把孩子当成是自己的私有物品去霸占和支配，也不要总是对孩子盛气凌人、高高在上。唯有发自内心地尊重孩子、真正平等地对待孩子，父母与孩子才能形成良好的亲子关系，也才能陪伴孩子健康成长，对孩子的人生起到积极的推动作用。

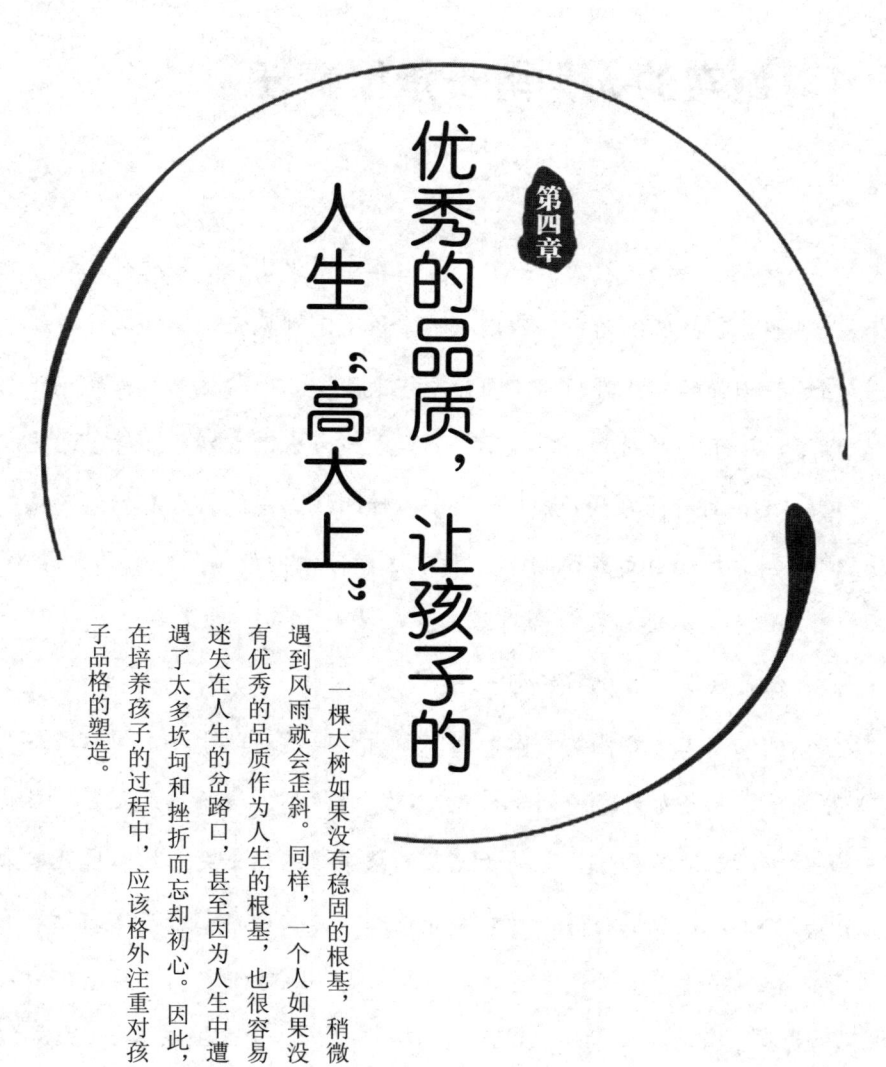

第四章 优秀的品质，让孩子的人生"高大上"

一棵大树如果没有稳固的根基，稍微遇到风雨就会歪斜。同样，一个人如果没有优秀的品质作为人生的根基，也很容易迷失在人生的岔路口，甚至因为人生中遭遇了太多坎坷和挫折而忘却初心。因此，在培养孩子的过程中，应该格外注重对孩子品格的塑造。

1. 诚实的人，勇于承担责任

一天，妈妈带着列宁去姑妈家做客。因为已经很久没有见到姑妈家的兄弟姐妹了，所以列宁和他们非常亲热，刚刚见面就高兴地玩耍起来。而在玩躲猫猫的游戏时，列宁因为跑得太快，不小心把姑妈家的花瓶架子碰翻了，花瓶也掉到地上摔碎了。姑妈闻声赶来，看到已经碎裂的花瓶，问道："是谁打碎了我的花瓶？"列宁心惊胆战，不敢抬头看姑妈。兄弟姐妹们都告诉姑妈自己是清白的，列宁也模仿他们的样子，装作无辜地说道："不是我。"妈妈站在一旁看着列宁心虚的样子，知道一定是他打碎了花瓶，但是她没有当众揭穿列宁。

回到家里，妈妈始终因为列宁撒谎的事情耿耿于怀，但她还是没有揭穿列宁，而是每天都给列宁讲关于诚实的故事。过了几天之后，当妈妈再次语重心长地给列宁讲完关于诚实的故事后，列宁突然伤心地哭起来。他向妈妈承认是自己打碎了姑妈家的花瓶，并且说自己会写信向姑妈承认错误。妈妈终于等来了列宁的诚实，因而高兴地对列宁说："孩子，做人一定要诚实，妈妈很欣慰你找回了诚实的品质。不要等改天再写信给姑妈了，现在就去做吧，相信姑妈一定会很高兴收到你的信的。"在妈妈的鼓励下，列宁当即写信给姑妈承认错误，很快他就收到了姑妈的回信，姑妈在信中说道："孩子，诚实比花瓶更重要。"

因为害怕被姑妈批评，小小年纪的列宁在打碎花瓶之后选择隐瞒实际情况，从而保护自己。殊不知，妈妈很了解列宁，姑妈也一眼就看出胆怯心虚、满脸羞愧的列宁是打碎花瓶的人。然而，姑妈和妈妈不约而同地选择了沉默，从而给予列宁主动坦白的机会。也正是因为姑妈和妈妈的宽容，列宁才有机会主动坦白错误，请求原谅。相信这件事情会对列宁的一生有很大的影响，让列宁始终牢记诚实才是最重要的品质。正因为如此，列宁后来才能成就伟大的事业，成为众人拥护的革命领导者。

孩子的成长是一个漫长的过程，而且孩子也会在成长过程中经历各种的情况，最终渐渐形成自身的优秀品质。就像一棵小树苗从被栽种到长成参天大树，必然会面临被风雨摧残的可能性，唯有用心呵护最终才能高耸入云。孩子也是如此，在成长的过程中，他们面临各种各样的诱惑，也会遭遇很多有可能把他们带偏的事情，父母作为孩子的监护人和陪伴者，一定要坚定不移地守护孩子的成长，这样才能让孩子真正长成堂堂正正的人，拥有积极向上的人生。

有一点需要注意的是，很多父母一旦看到孩子所说的话与事实不符，就断定孩子在撒谎。实际上，对于年幼的孩子而言，他们在两岁到四岁之间，会分不清楚想法和现实的情况。而且，他们对于诚实也没有很明确的概念。在这种情况下，父母要告诉孩子什么叫说谎，为何不能说谎。但由于孩子年龄小，理解起来可能有些困难，因此要做到这一点，对于父母而言并不容易。唯一有效的方法是，父母以身作则，告诉孩子怎样言行相符。这样对于培养孩子诚实的品质更有效果。与其告诉孩子不要撒谎，不如正面告诉孩子如实地描述情况，这是孩子更容易理解也能做到的。

随着孩子不断成长，他们也会出现故意说谎的情况，有心理学家认为当孩子有意识地说谎，恰恰意味着他们的智力有所发展和提升。所以面对孩子说谎，父母无须生气和过分紧张，也要避免把不良情绪传染给孩子。

通常情况下，孩子故意撒谎都是为了保护自己，也可能是因为害怕父母的批评和责罚才这么做。为了从根源上解决问题，父母应该尽量给孩子创造充满爱与宽容的环境，消除孩子内心的恐惧，这更有利于孩子说实话。毕竟，如果坦白实情也不会受到责骂和惩罚，又有谁愿意费尽心思去撒谎呢？

2．与人为善，于己为善

乐乐是个倔强的孩子，而且爱憎分明到有些较真的地步，这一点总是让妈妈发愁。毕竟这个世界上并没有绝对的对错，而这种和模糊数学类似的人生哲学，妈妈不知道如何才能给乐乐讲清楚。

春天的一个周末，爸爸带着一家四口去踏青，在经过一个路口时，一辆车突然从岔道上拐到爸爸的车前面，爸爸一脚急刹车，正在后座上玩耍、毫无防备的小妹妹一头撞到副驾驶的座位上，哇哇大哭起来。妈妈赶紧检查小妹妹的情况，发现只是受到了惊吓，并没有大碍，这才放下心来。这时，爸爸长嘘一口气说："幸好我反应及时，不然得追尾。"这时，乐乐咬牙切齿地说："这个人，真缺德，就应该给他点教训，他才能长记性。"妈妈听到乐乐的话，当即正色对乐乐说："乐乐，以后说话不要这么刻薄、咬牙切齿的。虽然那个人开车的确很猛，也给他人造成了困扰。但是我们应该想到，他或许有着急的事情。"乐乐不解："但是如果不是刚才爸爸刹车及时，咱们就追尾了呀！"妈妈说："就算真的追尾，人也受伤了，难道你这么诅咒他就能解决问题了吗？"乐乐陷入沉思，妈妈继续说：

"你的咒骂也许会激化矛盾,而不能真正解决问题。从另一个角度来说,我们也不应该因为别人的错误而影响自己的心情,例如你刚才说那句话的时候咬牙切齿的,那时你心里一定也很愤怒,对不对?"乐乐点点头,妈妈说:"所以,不管是对于解决问题来说,还是对于维持自己的心情而言,我们都要保持平静,不要总是轻而易举地被激怒。只有宽容地对待他人,我们才能心情愉悦,也才能得到他人的宽容对待。古人云,'与人为善,于己为善',就是这个道理。"乐乐听了,若有所思地点点头。

妈妈对于乐乐的教育非常恰当及时,相信也一定能够起到良好的效果。如果能继续给孩子讲一讲"路怒症"发生冲突导致恶劣后果的事件,相信孩子的理解会更加感性,感触也会更加深刻。不得不说,现代社会人心都太浮躁了,这直接导致人们很容易因为一些小事情就大发雷霆,甚至与他人之间爆发激烈的冲突。作为父母,在教育孩子的过程中,一定要深入浅出地告诉孩子"与人为善,于己为善"的道理,这样才能避免孩子因为各种各样的原因而与他人爆发冲突。

很多父母担心孩子如果太宽容,神经过于大条,一定会因此而吃亏。实际上,正如古人所说的,吃亏是福,对于孩子的成长而言,吃点亏没关系,宽容大度也很重要。记住,人生从来不是以吃亏和占便宜来衡量的,唯有让孩子在不断摸索和历练中掌握衡量人生的原则,并给予人生更宽松的尺度,孩子才能更加从容淡定地面对人生。

> 从心理健康的角度而言,如果孩子总是因为一些小事情就愤愤不平,不能做到自己平衡自己,也不能做到轻易原谅他人,那么孩子的内心也会因此而失去平静,导致变得更焦虑不安。这对于孩子的身心健康发展,只有坏处,没有好处,甚至还会影响孩子一生的幸福。

总之，吃亏是福，对于父母而言，教会孩子宽容他人，也宽宥自己，比教会孩子如何不吃亏更加重要。否则孩子一旦养成斤斤计较、不够宽容的坏习惯，他们的人生也会因此而黯然失色。

3．坚定不移地做自己，不当"小好人"

点点从小就是个小好人，对于父母的任何安排，他都会很高兴地接受。即使到了三岁，当很多同龄的孩子都变得叛逆，总是喜欢说"不"时，他也依然对爸爸妈妈言听计从，从来没有任何异议。对此，妈妈觉得很高兴，因为这样的点点特别好带，也从来不给父母增加额外的麻烦。然而等到他进入幼儿园之后，妈妈就意识到出问题了。

一天，点点带了最喜欢的电动车玩具去幼儿园里玩，等到下午放学回到家，妈妈却发现点点的电动车玩具不见了。于是妈妈就问点点："点点，你的电动车呢？"他回答："被哈米拿去玩了。"妈妈又问："他玩过之后没有还给你吗？你没有和他要吗？"点点委屈地说："我要了，但是他不给我。"妈妈很不理解："那是你的玩具啊，他不给你，你怎么办？"点点说："我哭了，但是他还是不给我，我也没办法。"听到点点简单的描述，妈妈意识到问题所在，继续追问点点："是你主动把玩具给哈米玩的，还是哈米夺走的？"点点说："我舍不得给哈米玩，他非要他。"妈妈问："你不想给哈米玩，然后拒绝哈米了吗？"他点点头，妈妈继续问："然后哈米把玩具拿走了？"他继续点点头。妈妈完全断定点点是有些怯懦，并不懂得拒绝。果然，在此后的幼儿园生涯中，点点不止一次被小朋友拿走玩具，妈妈这才意识到点点从小表现出来的乖巧其实是逆来顺受。为此，妈妈有意识地引导点点学会说"不"，学会拒绝，然而这是一个漫长的过程。

很多父母在教养孩子的过程中都陷入一个误区，即觉得孩子一定要听话才是好孩子，而父母在养育"好孩子"的过程中，也能减少很多麻烦。殊不知，孩子并非越听话越好，也许孩子小时候会表现出对父母言听计从，但是随着年龄的不断成长，到三岁左右就会明显表现出自我意识的增强，也因此变得更加强调自我，所以会在很多时候都说"不"。有相当一部分孩子两岁前后就会爱护自己的玩具，不愿意和他人分享，这都是自我意识萌芽的表现。而当孩子不懂得维护自己的意愿，也不善于拒绝他人时，他们就会表现出逆来顺受的特点，不仅对父母顺从，对于他人也总是委屈自己，表现出顺从。日久天长，孩子必然养成怯懦的性格，在人生中时时处于被动的地位。

> 现代社会竞争异常激烈，孩子们在成长之后也要适应激烈的竞争，为自己赢得一席之地。记住，父母哪怕再爱孩子，也不可能永远陪伴在孩子身边，因而唯有从小就培养孩子的独立意识，让孩子具备独立自主的能力，才是对孩子负责。

当然，这里并非是提倡狼性教育，而是要让孩子学会表达自己的想法，维护自己的正当权益，而不是在人生的道路上过于委曲自己，忍辱负重。

正如在成年人的世界里，有很多老好人，他们都活得很累，根本不能完全按照自己的意志力去策划人生，在与人相处时也总是处于被动的地位。要想避免孩子长大之后也承受这样的委屈和不如意，明智的父母一定要从现在开始就努力培养孩子的个性，让孩子既懂得谦虚礼让，也懂得礼貌拒绝，捍卫自己的合法权益，这样人生才能更加开阔，也不会因为怯懦而错失宝贵的机会，损害自身的利益。当然，父母还要反省自己，因为大多数怯懦的孩子都有强势的父母，所以父母一定要摆正心态，不要总是对孩子过于强势，而要尊重和平等地对待孩子。唯有在爱与尊重的家庭氛围中成长的孩子，才能懂得享受自由的民主，也才能不卑不亢地表达自己，维护自己的权益。

4．做一棵向日葵，永远向着太阳

最近，小雅在学习上遇到了困难，正在读三年级的她不会写作文，每次写作文都愁眉不展，如同挤牙膏一样难受，根本不能达到老师要求的文通字顺。如此一来，每到周五下午的作文课，小雅就心惊胆战，甚至不敢看老师，生怕老师对她提问关于作文的问题，也怕受到老师的批评。

一个周末，老师布置了写作文的作业，小雅回到家里坐在书桌前不停地酝酿，就是无从下笔，最终她愁得哭起来。妈妈听到小雅压抑的哭声，不知道小雅怎么了，赶紧去查看情况。得知小雅是因为不会写作文才这么发愁，妈妈忍不住笑起来，说："小雅，你知道吗，你是遗传了妈妈，所以才这样的。"听到妈妈这么说，小雅瞬间觉得内心的压力小了很多，她问妈妈："真的吗？你也害怕写作文吗？"妈妈点点头，说："我小时候最怕写作文，宁愿抄课文，也不愿意写作文，所以我就经常抄课文。"小雅很惊讶："抄课文就可以替代写作文吗？"妈妈摇摇头说："当然不行，作文是作文，课文是课文，但是我想我总不能什么也不做，所以我就抄课文。"小雅又开始发愁："但是我必须写出300字的作文。"妈妈突然一拍脑门："我有个笨方法，不知道你是否愿意尝试呢？"小雅连连点头："我当然愿意。"妈妈说："首先，你不要发愁，因为发愁也解决不了问题，所以你最好把自己当成一棵向日葵，哪怕很忧伤，也要仰起脸向着太阳，这样你至少能感受到太阳的温暖。能做到吗？"小雅说："我愿意尝试，这样就能解决问题吗？"妈妈笑了："这样虽然不能解决问题，但是有助于想出办法。我觉得你可以尝试着抄作文，不过在抄的过程中，当你有灵感的时候，你就加入自己的东西，这样叫编著。别人写一篇，为了防止老师批评你，你可以写两篇，以勤补拙，怎么样？"小雅尽管不确定妈妈的办法能否行得通，但是至少要试一试，而且总比这样无计可施坐在那里更好。因而她当即拿出妈妈为她买的作文书，开始操练。果然，在认真抄写别人作文的同时，小雅也找到了灵感，居然半编半写，很快就完成了一篇作文。随着坚持抄写和编著，小雅熟能生巧，终于能够流畅地写出一篇作文了。

遇到难题时如果只知道哭泣，渐渐地内心就会越来越脆弱，也更加习惯逃避。对于小雅而言，最重要的不是悲观沮丧，而是想办法解决问题。当然要想做到这一点必须要有一个前提，那就是成为向日葵，让内心充满希望和力量，也永远向着太阳。正如妈妈所说，只有这样才能真正解决问题，也才能给予人生开阔的未来。

人生不如意事十之八九，虽然大部分父母都会拼尽全力为孩子创造良好的生活条件，但是父母不可能跟随孩子一辈子，因而随着孩子不断成长，父母渐渐老去，孩子终究要独自面对生活，也要肩负起人生中的风风雨雨。

既然如此，父母一定要着重培养孩子的独立自主能力，让孩子像向日葵一样永远向着太阳生长，内心充满积极的力量。

要想让孩子拥有积极乐观的心态，在孩子面前，父母一定要注意自己的言行，而不要总是当着孩子的面表现出失意沮丧的样子。不管生活多么艰难，也不管工作上面临怎样的窘境，只要回到家面对孩子，就要表现出积极乐观的正能量。否则，父母的唉声叹气就会像尘埃一样布满孩子稚嫩的心灵，一旦孩子在成长期间受到负能量的辐射，很有可能形成消极的人生态度，影响一生。

有人说，言传不如身教，而父母恰恰就是对孩子展开身教的人。孩子从出生开始就与父母朝夕相处，亲密接触，因而父母的一言一行都会给孩子带来无形而又深远的影响。曾经有人对着仅6个月的孩子微笑，结果孩子也咧开嘴笑了起来，那个人突然收起笑容，表情严肃地看着孩子，结果孩子也马上表情严肃，收起了笑容。这件小事让我们知道，哪怕才6个月大的孩子，就会察言观色，就会根据他人的表情调整自己的表情，可想而知家庭环境对孩子的影响有多么大，父母的言行举止和人生态度对孩子潜移默化的影响又会有多大。总之，在孩子小的时候，父母有责任和义务为孩子支撑起人生的晴空，给孩子的心灵输入积极的正能量，让孩子的天空洒满阳光，让孩子如同向日葵一样永远向着太阳生长。

5．尊重，让孩子更自尊

春节假期的一天，爸爸喊乐乐出门去跑步，乐乐不愿意，爸爸坚持让乐乐去，最终父子俩争吵起来。爸爸生气地对乐乐说："有本事你就脱掉裤子、光着屁股出去跑步，我就……"听到爸爸这句话，正在厨房做饭的妈妈敏感地意识到爸爸说话不着调了，作为父亲，怎么能这么逼迫孩子呢！妈妈赶紧出来打圆场，却看到乐乐正站在门口，而且已经脱掉了所有的裤子。妈妈呵斥乐乐把裤子穿上，回到屋里反思，让爸爸自己去跑步。

等到爸爸回家之后，乐乐已经恢复了情绪平静，晚上临睡前，妈妈对爸爸说："你今天做的事情很不对，我必须严肃批评你。你不知道你儿子内心很脆弱，自尊心也很敏感吗？为什么还要逼着他突破最后的底线，你知道这么做后果有多严重吗？"爸爸不以为意："他脱掉裤子出门，觉得冷，或者觉得丢人，自然就会回家的。"妈妈说："我担心的不是冷，而是你撕破了他的脸皮，突破了他的心理极限，会让他以后不知廉耻，而且你与他之间的关系也会彻底崩溃。如果他真的宁愿不要脸也要赢你，你觉得你以后在他面前说话还有分量吗？还能维护做父亲的尊严吗？"爸爸听了这些话后，似乎意识到问题有些严重了，就不说话了，妈妈继续说："孩子只有在尊重中成长，才能自尊。你这样和他打赌，就是不尊重他，还让他如何自尊呢？父母要想让孩子成为怎样的人，就要像对待期望中的孩子一样对待现实中的孩子，这样孩子才会更加自律，也才能真正成为父母所期望的样子。"听了妈妈详尽的解释，爸爸心服口服，再和半大小子的乐乐相处时，总是尊重乐乐，果然父子关系大有好转。

如果不是妈妈及时出来制止，让乐乐光着屁股走出家门哪怕只有一步，乐乐的自尊就会严重降低，从此之后再想管教乐乐，就很难了。不管做人做事，都会有底线。因而父母对待孩子，要有意识地提高孩子自尊的底线，方法就是更加尊重孩子，从而让孩子感觉到自己是理应受到尊重的。

一个人在怎样的环境中成长，就会成为怎样的人，尤其是孩子的心灵

很稚嫩，根本无法成功地控制自己，因而更容易受到外部环境的影响。明智的父母不会把孩子当成自己的附属品，也不会因为孩子小就觉得孩子没有自尊心，他们会更加尊重孩子，也因为孩子小而更用心地培养孩子的自尊意识。需要注意的是，凡事皆有度，过犹则不及。因此在培养孩子自尊心的同时，父母还要注意避免孩子过度自尊，否则孩子的自尊心就会很脆弱，也会因为过度自尊而容易受到伤害。

> 不管怎样，父母都要为孩子营造充满爱与尊重的成长环境，也要尽量给孩子自由，这样孩子才会感受到自己是独立的生命个体，也才会变得更加自信，更有主见。

每一个父母辛辛苦苦地养育孩子，终极目标都是希望孩子生活得更好，也更有成就。对于父母而言，培养孩子自尊、自重、自信、自爱等优秀的品质，是教育的重中之重，也是绝不可轻视和小觑的。孩子就是小树苗，唯有扎根深稳，才能长成参天大树。

6．自信，让孩子的人生扬帆起航

杰米尽管已经是大小伙子了，马上就要过十周岁生日，但是他却有一个严重的缺点，那就是不够自信，很容易自卑，而且意志力不坚定，习惯于放弃。为了帮助杰米写得一手好字，妈妈特意为他报名参加了练字班。练习几个月之后，老师组织书法等级考试，并且建议杰米直接报考三级，杰米却吓得连连摆手，说："我可不行，我虽然练了好几个月了，但是总共也就练了十几次，根本考不过三级啊。"老师看到杰米害怕的样子，鼓励杰米道："没关系，老师最了解你的能力和水平，老师相信你是可以的。"杰米还是迟疑不定，坚持要让妈妈定夺。

中午，妈妈来接杰米放学，老师特意对妈妈说："杰米妈妈，你发现杰米不够自信了吗？"妈妈也深有感触，说："是的，他有些缺乏自信，而且不管做什么事情，一旦遇到小小的困难，很容易就放弃。"老师对妈妈说："这样的特点，对于孩子而言不是好事情，会禁锢孩子的发展。你平时应该多鼓励杰米，不要总是否定他，也要支持他做很多事情，这样才能让杰米找回自信。我刚才让他报名参加等级考试，他居然直接就拒绝了，怎么鼓励也不敢，这样怎么行呢！"妈妈说："回家我再做做他的工作，我也知道他缺乏自信，也正在有意识地鼓励他呢！"

孩子如果缺乏自信，在成长过程中就会畏手畏脚，凡事都放不开。现代社会生活压力这么大，竞争如此激烈，不管是成年人还是孩子，都要拼尽全力去打拼，才能有所收获。而面对一个艰难的挑战，如果还没有开始，就因为害怕失败而选择放弃，那么根本不可能有成功的机会。由此可知，缺乏自信会对孩子的人生造成很大的不良影响，会无形中失去很多机会。

那么孩子为何会缺乏自信，或者严重自卑呢？ 除了先天的性格因素之外，主要还是因为父母在家庭教养的过程中没有经常鼓励孩子。很多父母总是对孩子太苛刻，完全忘记了孩子的身心发展特点，而把孩子当成成人去高标准严要求，日久天长，孩子在挫败感中成长，当然没有自信可言了。

要想培养孩子的自信，父母还需要注意，在赞美和表扬孩子时一定要用心，不要敷衍了事。如今提倡赏识教育，很多父母只知道一个大概的道理，而从未想过真正去做的时候要注意哪些事项。每当心血来潮，他们就随口赞美孩子几句，却根本没走心，导致孩子受到了赞美，却毫无感觉，甚至有些懂事的孩子还会因此而不满。真正有效的赞美，是要赞美孩子的真正优点，也要结合具体事情分析孩子到底哪里做得好，哪里还需要改进，这样才能有效帮助孩子找回自信，让孩子在不断的进步中更加意气风发。记住，只有自信的孩子才能扬起人生的风帆，在人生的汪洋大海中扬帆起航。

7．坚持，才能笑到最后

在妈妈和老师的合力劝说下，杰米终于下定决心报名参加了书法等级考试。接下来的两个月时间里，他都要加紧练习书法，这样才能争取一次通关。然而，三年级的学习任务也已经很紧张了，杰米除了周末练字一次之外，周一到周五还要抽出一个下午的时间，放学后去练字，这样一来杰米那一天的作业完成就要延后两个小时。渐渐地，杰米觉得疲惫，产生了打退堂鼓的念头。有一天放学后杰米又去练字，实在有些累的杰米忍不住向妈妈抱怨道："妈妈，上学的日子里我能不能不来练字呢？都耽误写作业了。"妈妈想了想，回答道："也可以不来，不过那样的话周六日就要连续练字两天。"一听说周六日都要练字，杰米又不乐意了："我不能只是周六练字一次吗？"妈妈说："你想啊，你已经报名参加考级，而且为了通过考级，还花了很多钱刻章。这样一来，咱们当然要全力以赴争取一次通过啦。虽然看起来每周都有一天写作业要延后两个小时，但是妈妈觉得只要你抓紧时间，是不会影响正常休息的。每个人在人生之中都会有很多心愿想要完成，而完成这些心愿并非是简单的事情，必须坚持努力。如果你现在放弃了，前面的努力不就都白费了吗？"杰米似懂非懂地听着妈妈的话。

看着杰米迷茫的样子，妈妈说道："总之，你现在就应该继续坚持，而不要努力到一半就放弃。你相信妈妈，只要你坚持到考级，就一定能通过。"在妈妈给予的信心支持下，杰米继续坚持了下去，等到考级顺利通过的那一天，他简直一蹦三尺高，别提有多高兴了。

一个人不管能力是强还是弱，要想做成一件事，就必须有毅力和决心，既要有勇气开始，也要有耐力坚持，这样才能笑到最后，获得最终的胜利。孩子还比较小，感性更多于理性，因此自制力和自我调节能力都较差，导致心理承受能力较差。因而在教育孩子时，尤其是当孩子缺乏自信和毅力时，父母一定要多给孩子打气，多鼓励孩子，这样孩子才能汲取精神力量，继续坚持下去。

很多父母在养育孩子的过程中都不知不觉会犯一个错误，那就是因为觉得孩子什么都做不好。例如吃饭弄得到处都是，洗手弄得地上都是水，因而不假思索就否定孩子，指责孩子，甚至图省心省事自己直接代替孩子完成本该由孩子来做的事情。这样一来，父母不但干扰了孩子的专注力，而且也会导致孩子动手能力越来越差，养成做事情半途而废的坏习惯。父母一定要知道，孩子都是从不能到能逐渐成长起来的，因而一定要给孩子机会去尝试，这样孩子才能越做越好，才能不断提升自己的能力。

尤其是当孩子想要放弃时，父母一定不要指责孩子没有毅力或者缺乏耐力，这种类似于给孩子贴标签的行为非但不能鼓励孩子继续坚持下去，反而还会误导孩子否定自己。

每当这时，父母最该做的就是想方设法激励孩子继续坚持下去，只要孩子能够真正感受到坚持的好处，才能获得成功，拥有成就感。

8．勇敢，让孩子远离胆怯

乐乐尽管长得"人高马大"，但是因为从小由姥姥负责照顾，所以很多事情自己都不会做，还非常胆小，不管做什么事情都要征求妈妈的同意。小的时候，这样的乐乐还是很让人省心的。但是随着乐乐渐渐长大，妈妈意识到如果乐乐继续这样下去，就会变得越来越胆怯，甚至与勇敢绝缘，于是妈妈决定要培养乐乐的胆量，让乐乐变得勇敢起来。

一个周末，妈妈带着乐乐一起去游乐场。因为爸爸周末也在加班，所以妈妈只能把自己当成爸爸，带着乐乐去玩那些危险刺激的项目。实际上，妈妈心里比乐乐更加害怕，但是为了给乐乐树立榜样，做出示范，妈妈只能假装勇敢和坚强。在玩大摆锤项目时，乐乐一开始怎么也不敢上去，而只敢玩那些适合几岁孩子玩的安全游戏。对此，妈妈说："乐乐，妈妈很害怕，但是妈妈特别想尝试一下，因为妈妈此前从来没玩过。你能陪着妈妈一起去，保护妈妈吗？"也许是男性心底里的保护欲望被激发了出来，也许是被妈妈可怜兮兮的样子打动了，乐乐当即就像一个真正的男子汉那样，一咬牙，一跺脚，说："好吧，我就牺牲我自己，陪着你吧！"就这样，乐乐陪着妈妈坐了大摆锤，下来之后，看着呕吐不止的妈妈，他骄傲地说："妈妈，你怎么这么胆小，看看我多么勇敢，其实也没那么可怕啊！"而妈妈看到乐乐在自己的引导下变得勇敢了，再难受也觉得值得。

也许在一些人看来，去游乐场玩很多危险的项目，并非是真正的勇敢，但是即使是这样形式上的勇敢，对于乐乐而言，也是很大的进步。妈妈也很勇敢，因为爸爸在加班，妈妈意识到乐乐需要练习胆量，就义无反顾地陪着乐乐去了游乐场，是不是有一种英勇就义的感觉呢！当父母就是这样，不但费心劳力，必要的时候还要和孩子一起上摩天轮、坐过山车、玩激流勇进，这同时也锻炼了父母的胆量。所以，我们经常说，带孩子的过程，也是父母的成长过程。

如今，有很多孩子都是妈妈负责带养的，等上了幼儿园之后，所接触的也几乎都是女老师。即使升入小学，也是女老师占据多数，这样一来，自然导致孩子在整个成长过程中都密切地接触女性，而与男性相对疏远的现实。日久天长，孩子自然会变得女性化，女孩胆小怯懦，男孩则缺乏阳刚之气。这其实并不完全怪孩子，与父母的教养也有很大的关系。作为父母，既然不能改变幼儿园里都是女老师、小学里女老师居多的现状，那么在家庭教育中，就要让孩子更多地与父亲接触，感受父亲身上的阳刚之气，也吸收父亲身上散发出的勇敢力量。尤其是在教养男孩的过程中，父亲更是扮演着不可或缺的角色，而且父亲能够给予孩子的陪伴和力量，是母亲代替不了的。

也许有些父亲会说自己忙于工作，没有时间陪孩子，那么我们必须要问：**作为父亲，努力工作的目的是什么呢？**肯定大部分父亲都会说是为了家人，为了孩子。那么我们又要问：如果因为努力工作，赚钱养家，而耽误了孩子的性格养成，影响孩子的一生，值得吗？相信每个人都知道这样做是不值得的，遗憾的是却很少有人能够真正协调好陪伴孩子和努力工作之间的关系。这里不得不再次向大家强调的是：孩子的成长过程是不可逆的，一旦错过，再也无法重来。因而作为父母，必须把对孩子的教育放在首位，作为家庭的头等大事去对待，而不要为了忙于眼前的工作，就忽视

二　对孩子的陪伴和教育。

　　针对如今的孩子被过度照顾、内心胆怯的事实，不管是父亲还是母亲，在教育过程中都要有的放矢地培养孩子的勇气，让孩子变得勇敢。例如，可以在周末时带着孩子去爬山，也可以陪伴孩子参加一些竞技项目，甚至还可以带孩子去游乐场，让孩子挑战以前不敢玩的项目。当孩子一次又一次突破自己，他们的胆量才会变得越来越大。否则如果始终把孩子严密保护起来，为了所谓的安全，这也不让孩子做，那也不让孩子干，那么孩子的胆量怎么锻炼呢？细心的朋友会发现，很多由老人负责照顾的孩子都比较胆小，这是因为老人担心孩子的安全状况，因而总是把孩子紧紧"拴"在自己身边，不给孩子尝试的机会所造成的。因而从这个方面来说，父母尽管为了工作不得已把孩子托付给老人照管，但也要尽可能抽出时间多陪伴孩子。对于孩子而言，父母的陪伴是成长中不可替代的，父母的勇气也会真正成就一个勇敢的孩子。

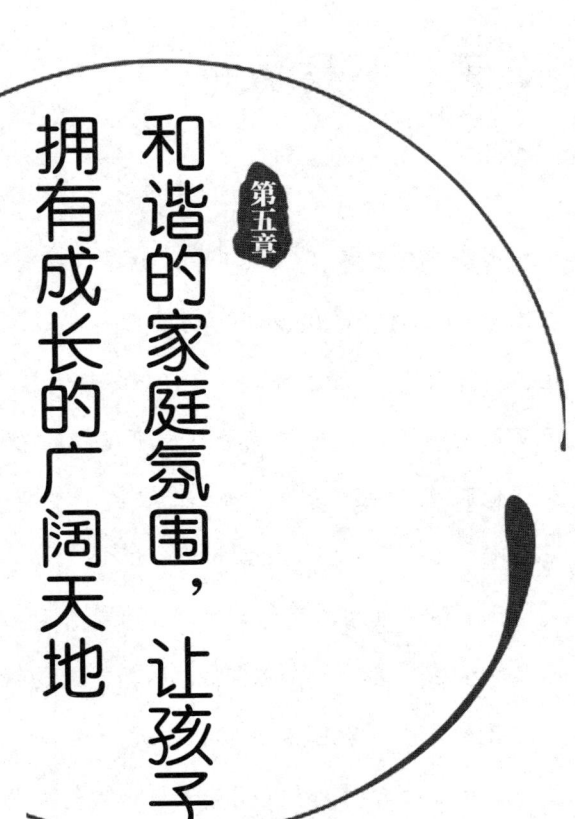

第五章
和谐的家庭氛围，让孩子拥有成长的广阔天地

孩子从出生开始，就在家庭环境中开始漫长的成长过程，甚至在怀孕的最后几个月，孩子对于妈妈的情绪已经有感知能力，因而家庭环境对孩子的成长影响是巨大的。如果说孩子是一粒种子，那么家庭环境和氛围则是土壤。和谐的家庭氛围，能够让孩子拥有广阔的成长天地；而紧张的家庭氛围，则会让孩子的人生因为恐惧的情绪而无法自由地舒展开。曾经有心理学家研究发现，在充满自由与爱的家庭氛围中，孩子才能更健康快乐地成长；在充满仇恨与怨愤的家庭环境中，孩子的成长过程则会变得苦恼、低落、绝望。

1. 爱，不是溺爱

奇奇已经三岁了。三年中，他是被父母和爷爷奶奶、姥姥姥爷的爱包围着长大的，这使他的一切要求都能被满足，一切愿望都能被实现。尤其是姥姥，一旦看到家里有任何人不愿意满足奇奇的心愿，总是以对于年幼的孩子无论如何宠爱都是不过分的为由，说服每个家庭成员都无条件地服从和满足奇奇。渐渐地，奇奇变得越来越任性，稍有不满就大哭大闹。

春节假期期间，爸爸妈妈带着奇奇去商场里玩，奇奇看到了一家玩具店里的双层轨道车，特别想要，因而缠着要妈妈买给他。然而，妈妈看了价签后发现轨道车居然要1000多元，因而以家里有很多轨道车玩具为由拒绝了奇奇的请求。尽管妈妈说得很婉转，也合情入理，但是奇奇就是不愿意体谅妈妈，坚持要买轨道车。发现妈妈拒绝的态度很坚决后，他就歇斯底里地躺在地上打滚，引来了别人的围观。妈妈觉得很丢人，气得满脸通红，只得向奇奇妥协，并且发誓以后再也不带着奇奇来商场了。当然，等到冷静下来之后，妈妈意识到发誓不带奇奇来商场只能是气话，而如果奇奇总是这样任性妄为，总有一天，他不但会让爸爸妈妈陷入尴尬，自己也会因为歇斯底里的性格吃尽苦头。

在深刻反思之后，妈妈发现全家人一直以来都犯了一个很大的错误，那就是完全混淆了爱与溺爱，而把对奇奇的溺爱当成是爱，所以才导致奇奇如今这么骄纵，丝毫不愿意妥协。为此妈妈当即召开家庭会议，向全家通告这个错误，尤其郑重告知那些疼爱奇奇的长辈：如果继续溺爱，就是害了孩子的一生。

什么是爱？什么是溺爱？ 相信对于这两个概念，有很多父母和长辈都弄混了。所谓的爱，并非指的是一味地顺从孩子，而是要给孩子自由成长的空间，要认可与欣赏孩子，理解与宽容孩子，而不是对孩子不管不问，更不是不约束管教孩子。和爱相比，溺爱的本质则并非人们所理解的那样对孩子言听计从。

> 透过现象看本质，我们就会发现溺爱给孩子带来的是过多的约束和管制、泛滥的包容，甚至还有无休止的批评。这是因为父母在为孩子无条件付出后，也会完全把孩子当成自己的私有品，因而对孩子提出更高的要求和更多的苛责。

从这个角度而言，对于孩子来说，溺爱非但不是爱，反而是害。溺爱孩子的父母总是以爱的名义，对孩子进行操控和霸占，而从来不曾真正信任和理解孩子。可想而知，在这样的环境中，孩子如何能够健康成长呢？！

现实生活中，很多父母都深谙不能溺爱孩子的道理，但却依然在无形中溺爱孩子。尤其是当大多数家庭中都只有一个孩子时，独特的"4+2+1"家庭结构，使得很多孩子都集万千宠爱于一身，不知不觉中就变得骄纵任性。

也有人觉得溺爱与爱的本质是相同的，只不过溺爱的程度比爱更深，这种见解也是完全错误的，因为溺爱与爱本质上就是两种完全不同的爱。正是因为这样的误解，做父母或长辈的才会以自己的意志为指导，丝毫不去真正关注孩子的心灵成长，只会拼命满足孩子成长过程中的物质需要。就像两个人在一起吃饭，一个人喜欢吃鱼头，便以为对方也喜欢吃鱼头，因而把自己喜欢吃的鱼头让给对方吃，却不知道对方根本不喜欢吃鱼头，

因而难以下咽。最终的结果就是一个人看着自己喜欢吃的鱼头被别人享用而不停地咽口水，而另一个人却痛苦地吃着在他看来是最难吃的食物。如果亲子教育也陷入这样的尴尬，可想而知会教养出怎样的孩子。

其实，在孩子的成长过程中，物质上的满足仅是一个小的方面，他们更渴望得到的是父母的尊重、理解、爱与自由，是自己能够做出选择和进行尝试的权利，也是犯了错误之后能够不被批评而主动反思的机会。而绝不是"我想要什么玩具，你买给我就行了"这么简单。

2. 接纳自己，接纳孩子

作为一名成年人，奇奇妈妈的情绪并不平和，甚至总是愤恨不平，对自己充满抱怨。她不是嫌弃自己长得太矮，就是觉得自己太胖，或者嫌弃自己皮肤太黑。总而言之，她在自己眼里没有任何地方是可取的。有的时候，她还会抱怨自己的妈妈把自己生得不够完美，或者抱怨奇奇也是一个满身臭毛病的孩子。渐渐地，奇奇受到妈妈的影响，也开始否定和质疑自己，甚至觉得自己是最糟糕的。

上了幼儿园之后，有一天，奇奇回到家里问妈妈："妈妈，我这么糟糕，你为什么要生下我呢？如果世界上没有我，那不更好吗？"听到奇奇这么问，妈妈很震惊，完全忘记了自己平日里在奇奇面前树立的就是这样的形象，赶紧问奇奇："奇奇，你怎么了？为什么要这么说？"奇奇沮丧地说："今天我们比赛，我输了，我太笨了。"看到奇奇灰心丧气的样子，妈妈赶紧鼓励奇奇："奇奇，你是最棒的，最优秀的，是让妈妈骄傲的小宝贝！"奇奇却不以为然，质疑道："你以前说我是笨蛋，说我太笨了，不是个优秀的小孩。"妈妈这才意识到自己平日里所说的那些丧气话，都深深地刻在了奇奇的脑子里，不免懊悔万分，下决心要改正自己爱自我否定、爱抱怨的坏毛病。

一个不接纳自己的父母，不但会抱怨自己，也会抱怨孩子，最终给孩子造成恶劣的影响，导致孩子也总是怀疑和否定自己。殊不知，行走人世间，对于每个人而言，最重要的就是自信，而如果父母的教育带给孩子的是自卑，那么孩子还如何立足于社会呢？大多数父母都会鼓励孩子要自信，要相信自己很棒，要敢于挑战和超越自己，却忽略了要以自身的言传身教来切实地影响孩子，这样才能让孩子拥有积极自信的正面心态。上述事例也说明了，在对孩子的教育过程中，父母的一言一行对孩子是多么的重要。

每个人都是这个世界上独一无二的生命个体，既有优点，也有缺点。因此，每个人都要客观地衡量和评价自己，既不要盲目自大，也不要妄自菲薄，这样才能拥有坦荡、不卑不亢的人生。

每个人一旦有了孩子，真正成为父母之后，人生的角色就发生了翻天覆地的变化，除了要肩负起抚养孩子的重任之外，更要谨言慎行，给孩子树立好的榜样。记住，一定要接纳自己，接纳孩子，才能与孩子共同拥有充满自信的人生。

和对自己不满相比，很多父母更频繁地表现出对孩子的不满。他们说起话来漫不经心，似乎不经过大脑，三言两语就把孩子否定了。其中不乏有给孩子贴标签的父母，导致孩子在父母日久天长的强化"教育"下，真的认为自己就那么差。从心理角度而言，父母的每一句话给孩子带来的影响都是巨大而又深远的。因为孩子还比较小，对于自己没有正确的认知，

也无法做到客观地看待自己，而他们最信任的人就是父母，因而当听到父母对他们的评价后，他们唯一的反应就是全盘接受。然而，父母说的话不一定都对，甚至很多只是一时的气话。另外，父母也是人而不是神仙，父母没有权利定义孩子。既然如此，父母就要管好自己的嘴巴，不要误导孩子，更不要因为不负责任地给孩子贴标签而耽误了孩子的一生。

3．人前不教子，孩子也有自尊心

转眼之间，奇奇五岁了，已经是幼儿园中班的小朋友了。经过在幼儿园一年多时间的学习，奇奇有了很大的进步和改变，总是文质彬彬，而且每天放学回家之后还按时完成作业呢！最重要的是，奇奇不再那么任性了，能和小朋友和睦相处，也学会了分享，在班级里还交了很多好朋友呢。看着奇奇真的长大了，爸爸妈妈都很欣慰。

一个周末，爸爸的同事带着孩子点点来奇奇家里做客，爸爸和同事在客厅里交谈，而把同事的孩子点点交给奇奇招呼。点点比奇奇小半岁，称呼奇奇为哥哥，奇奇很高兴，马上热情地拿出自己的玩具和零食，与点点弟弟一起分享。看着奇奇大方慷慨的样子，爸爸很高兴，也就放心地让奇奇带着点点一起玩了。然而，没过多久，就传来奇奇和点点的吵闹声。爸爸和同事一起走过去查看情况，这才发现点点手中正抱着一个玩具死不撒手，而奇奇则拼命地夺那个玩具。爸爸大声呵斥奇奇："奇奇，点点是客人，还是小弟弟，你是怎么招呼客人的？！"听到爸爸的训斥，奇奇觉得很委屈，眼泪止不住地往下掉。原来，这个玩具是奇奇从来舍不得玩的变形金刚，是舅舅从美国给奇奇带回来的。奇奇早就和点点说好不能碰这个玩具，只能看。得知事情的原委后，爸爸依然不依不饶，批评奇奇："你这个家伙真小气，要大方一点儿啊，你看，点点还把他喜欢吃的巧克力分享给你了呢！"爸爸的持续批评让奇奇觉得伤了自尊，他突然生气地跑回房间，关上门，再也不愿意出来。同事赶紧向点点要回玩具，说："这是哥哥舍不得玩的玩具，要爱惜，只能看，不能玩，好不好？而且，你也答应哥哥了呀！"点点似懂非懂，在爸爸的好说歹说下才把玩具放下。同事还让点点去向哥哥道歉，点点真诚的道歉赢得了奇奇的原谅，奇奇又开始带着点点一起玩，但是他足足有半天的时间都不再搭理爸爸。

爸爸一定认为同事和点点都是客人，主人理应热情招待他人，所以就不问原因地把奇奇批评了一通。殊不知，孩子虽然小，也是有自尊的。当爸爸当着客人的面批评自己时，奇奇一定觉得很尴尬，觉得自尊心受到了伤害，所以半天都不想搭理爸爸。此外，爸爸还存在一个误区，就是觉得主人一定要让着客人，其实孩子还小，根本没有主客的意识，他们唯一知道的就是游戏规则和玩耍的规则。即使作为父母，也不要破坏孩子之间的规则，更不要不分青红皂白就当着外人的面训斥孩子。

> 所谓人前不教子，就是说父母要发自内心地尊重孩子，给予孩子平等的对待，而不要仗着自己是大人的优势，就肆无忌惮地批评孩子，丝毫不顾及孩子的自尊心。

每个孩子的身心发育都不同，有的孩子早熟，有的孩子晚慧。因而父母一定要了解孩子的身心发育状况，从而才能很好地照顾到孩子的自尊心，与孩子建立良好的亲子关系。

记住，孩子虽然因为父母才来到这个世界上，而且在出生之后的很长一段时间里都完全依靠父母的照顾生存，但是孩子不是父母的私有品，父母也不能随意批评与呵斥孩子。否则，孩子不仅会觉得自己不受尊重，也会渐渐变得不尊重父母。人际关系总是相互的，尊重也是相互的，父母一定要把孩子当成独立的生命个体来对待，要尊重和爱护孩子，才能得到孩子的尊重与爱戴。

4．爸爸和妈妈，到底该听谁的

自从奇奇上了小学，爸爸妈妈在教育奇奇方面就产生了分歧。原本，奇奇上了一年级之后作业就变多了，学习任务也重了，需要好好适应一段时间，但是妈妈却迫不及待地给奇奇报名参加了英语班、练字班、奥数班、跆拳道班。对此，爸爸有很大的意见，尤其是看到奇奇放学之后也不能好好休息，还要四处赶着去上补习班，爸爸很心疼。

一个周末，奇奇特别想多睡一会儿，但是因为妈妈为他报名的跆拳道班八点就要上课，所以奇奇六点半就得起床。看着儿子睡眼惺忪的样子，爸爸不由得和妈妈大吵一架，奇奇这才知道原来爸爸不赞同自己上这么多班啊，正好他也不想上，因而赶紧借机说自己快要累死了。一听这话，爸爸更是火冒三丈，和妈妈吵得更大声了。最终，爸爸妈妈的争吵虽然没有结果，但是奇奇思想却松动了，再也不想上任何课外班了。

父母当着孩子的面争吵，是最不好的家庭行为之一。当对孩子的教育意见有分歧的时候，明智的父母会在孩子不在的情况下进行沟通，等到达成一致再用到孩子身上。而不管父母之中谁的教育观点是对的，都不要当着孩子的面争个高低胜负，因为这样会对孩子起到负面的影响和作用，对于孩子的成长极其不利。

众所周知，人的本能是趋利避害，每个人都想选择对自己有利的事情，而逃避对自己不利的事情，孩子也同样如此。在教育孩子方面，父母应该是同盟军，是同一个战壕里的"战友"。而一旦父母之间产生分歧，孩子原来认为自己必须要做的事情这时就会觉得不再理所应该，会让孩子养成新的坏毛病，从而使得父母的教育分歧暴露，让孩子找到各种偷懒的理由。

对于每个家庭来说，教育孩子都是很重要的事情，父母作为孩子的监护人，也作为家庭中最重要的成员，在教育孩子方面一定要达成一致，统一战线。否则，家庭就会形成"多头管理"，就算孩子不趁机钻空子，也会变得不知道该听谁的，时时感到困扰。此外，教育还要有前后一致性。众所周知，世界上的万事万物都处于不断的发展变化之中，父母随着自身的成长和社会的影响，对孩子的教育观念也会有所改变。这时，一定要注意保持教育观念的前后一致，方式当然是可以改变的，但原则性的东西不能随便更改。尤其是当孩子小的时候，因为缺乏准确的辨别意识，如果父母总是随意地改变教育标准和原则，那么日久天长，孩子就会陷入困惑，既不知道自己应该坚持什么，也不知道到底应该怎么做。

常言道：十年树木，百年树人。教育是大计，也是基本国策。很多父母因为忙于工作，总是疏于对孩子的管教。殊不知，哪怕工作再忙，教育孩子也是家庭之大计，因而父母一定要抽出时间商定对孩子的教育计划，也要齐心协力展开对孩子的教育。当孩子成人成才了，父母才能得到最大的安慰，也收获了人生中最大的成功。

5．尊重，才能激发孩子的谈兴

杰米是个调皮捣蛋的家伙，尽管还没有到青春期，但是却已经学会时时处处与父母对着干了。杰米的个性很强，和大多数同龄人都懵懂无知相比，杰米显然是个早熟的孩子，心思细腻敏感，自尊心非常强。

一天，杰米因为被老师误解，所以在老师面前为自己辩解，而老师却不由分说让他"闭嘴"，为此他与老师之间爆发了冲突。第二天一大早，老师就让爸爸去学校，听说杰米又闯祸了，爸爸头都大了。到了学校，听了老师讲的情况后，爸爸基本上知道是怎么回事了：杰米由于自尊心太强，而老师让他闭嘴，他就觉得自尊心受到了伤害，于是就和老师吵了起来。为此，爸爸赶紧向老师道了歉。回到家后，爸爸并没有当即批评杰米，因为杰米已经长成个大小伙子了，而且事实也证明爸爸一直以来训斥杰米，并没有起到什么效果。为此，爸爸决定改变教育杰米的方式，本着尊重的原则倾听杰米，理解杰米。

果然，在爸爸表现出足够的真诚之后，杰米不像之前那么排斥和抗拒爸爸了，尤其是在得到爸爸的理解之后，杰米更是滔滔不绝，爸爸简直震惊了，他从来不知道杰米的小心思里原来蕴藏着这么多内容，也不知道杰米这么有想法，有主见。经过这次沟通，杰米也看到了爸爸的态度，因而渐渐形成对爸爸的信任，后来有什么问题都愿意和爸爸沟通，也能够圆满解决问题。爸爸不由得暗自庆幸：幸好当时没有冲动地责骂或者揍杰米，看来只有尊重孩子才能打开孩子的心扉，激发孩子的谈兴，做父母的也才能真正了解孩子，从而改善亲子关系。

随着孩子越长越大，曾经在孩子小时候立竿见影的那些教育方法都已渐渐失效。尤其是当孩子的思维能力和自我意识越来越强时，父母再想敷衍孩子简直比登天还难。很多父母都会发现，小时候那个就像小喇叭一样追着父母倾诉自己的孩子不见了，取而代之的是一个有着很多小心思的家伙，他们渐渐地不愿意再信任父母，也关闭了心门。那么到底怎么做才能打开孩子的心扉呢？一味地打骂或者吼叫，只会让孩子离自己越来越远，也会让孩子彻底地对父母失去倾诉的欲望。明智的父母会赶在孩子进入青春期之前及时反思自己，改变教育方式，从强迫孩子到给孩子空间让孩子自主选择，这样一来孩子就能更加信任父母，也因为得到了父母的尊重而努力调整自己的行为举止，让自己值得父母尊重和信任。

曾经有心理学家说过，要想让一个人变成自己期望的样子，最好的办法就是按照期望的样子赞美他，这样他就会形成超强的自我约束能力和自律力，因而也有更好的表现。尊重孩子，也有类似的效果，当孩子得到父母的尊重和平等对待时，他们就不会继续把自己当成是小屁孩，而是会尽量让自己的表现值得父母尊重。

如果父母不能在孩子青春期到来之前成功地改善与孩子的关系，疏通孩子的内心，那么一旦孩子进入青春期，就会更加叛逆，更不愿意接受父母的意见。等到这时候再想挽回孩子的心，就会难上加难了。

随着时代的发展，孩子的心理健康问题日益凸显，浮躁的社会心态不但影响了成年人，也影响了孩子。因而每一个合格的父母除了关心孩子的学习成绩之外，更会关心孩子的身心健康，尤其是孩子的心理健康。如果

孩子没有健康的心理，那么即使孩子学习再好，又有什么用呢？而交流恰恰是孩子与父母沟通的桥梁，任何时候，父母都要以爱与尊重保持与孩子之间沟通渠道的畅通，也要以此赢得孩子的信任。

6．鼓励，比赞美与表扬更重要

进入小学三年级以来，乐乐越来越疏离父母，不管是上学放学，还是平日里出行，他都更愿意自己一个人独行，而不再想跟在父母身边成为小尾巴，甚至对于父母提出的陪伴请求，他也都委婉或者坚决地拒绝了。而每当有了小小的进步或者成就时，他又特别希望父母能够认可自己，给予自己肯定。

有一次，乐乐独自陪着两岁的小妹妹欢欢玩了一个多小时，从而让妈妈有充足的时间临时加班，在家里处理公司传来的紧急文件。妈妈忙完工作之后，就赶紧去给乐乐和欢欢做吃的，这时候，乐乐有些落寞地凑到身边，问："妈妈，我带欢欢怎么样？"妈妈随口道："很好，非常棒。去客厅玩吧，看着小妹妹，我来做饭给你们吃。"妈妈轻描淡写的认可显然没有让乐乐满意，乐乐依然跟在妈妈身边，问："妈妈，你觉得我有什么需要改进吗？"妈妈这才扭过头来看着乐乐，发现乐乐充满期待的眼神，妈妈认真想了想，说："我觉得作为哥哥，你做得非常好，尤其是你才九岁，也还是孩子呢，就能带着妹妹一起玩耍，引导妹妹做游戏，我觉得你比爸爸妈妈对待妹妹更有耐心。不过，我觉得你有的时候和妹妹说话太大声了，她还小，可能会觉得害怕。如果你能更加柔声细语一些，我觉得你很有可能成为欢欢专属的育儿专家。"乐乐听到妈妈如此的肯定，脸上的表情越来越满足，听到最后都有些欢呼雀跃了。他不停地问妈妈："我真的能成为育儿专家吗？"妈妈点点头："当然，因为你很爱妹妹，也特别用心、有耐心，这正是成为育儿专家的条件和前提。"在妈妈做饭期间，乐乐果然对小妹妹更有耐心了，说话的声音也更柔和了。

九岁的乐乐越来越看重自我价值，正处于自我价值的形成和确立期。从他呱呱坠地时必须完全依赖父母才能生存，到如今想要为家庭生活贡献出自己的力量，实现自身的价值，可以说经历了很长时间的心理成长期。因而对于妈妈此前敷衍的表扬，乐乐不满意。在听到妈妈认真思考之后对自己做出的真诚而用心的鼓励后，乐乐才觉得妈妈真的认识到了他的价值，也对他非常认可和赏识，这让他觉得自己的付出得到了认可，也明白了自己在哪些方面还可以改进。

对于年纪小的孩子而言，父母的一句"你真棒""你很优秀"就能让他们感到心花怒放，然而随着孩子不断长大，他们的心理需求也越来越复杂。在这种情况下，单纯的表扬和赞美无法让孩子满足，唯有给予孩子更加具体真诚的评价，才能让孩子感受到父母的用心。

如果说赞美和表扬只是单纯的认可，那么鼓励则不同。鼓励是一分为二地来看待问题，既肯定孩子，也为孩子指出不足，这样孩子才能知道自我提升的方向，也才能有的放矢地完善自我。父母学会鼓励孩子，一则肯定了孩子，二则也为孩子指出了不足，三则还能潜移默化地帮助孩子养成一分为二看问题的好习惯。给予孩子更大的成长空间，可以说对孩子有益无害。对于每一个父母而言，孩子就是他们在人世间最伟大的事业，也是需要他们毕生"从事"的事业。所谓养儿100年，操心到99，也告诉我

们当了父母的人总是对孩子牵肠挂肚。此外,每一个人对于当父母都是毫无经验的,不但初次当父母的人如此,对于那些生二胎的父母而言也是如此。每个人不管是第几次当父母,都是全新的父母,这是因为每个孩子都截然不同,所以每个父母在每次当父母时都要持续学习、与时俱进,才能肩负起作为父母的责任,才能当好每个不同孩子的父母。然而,无论面对怎样的孩子,父母都要记住:一定要多多鼓励孩子,这样才能避免孩子因为骄傲而退步,因为自大而盲目,也能避免孩子因为受到批评而妄自菲薄或者自暴自弃。因为鼓励中既有赞美和表扬,也有隐晦的批评及为孩子指出不足,孩子才会有更大的提升和发展空间,也才会有更远大的前程。

7. 学会放手,要"断奶"的不只是孩子

以前,乐乐最喜欢黏在爸爸妈妈身边,不管爸爸妈妈中的任何一个人要去哪里,他都喜欢跟着,即使被嫌弃,也依然嬉皮笑脸,对爸爸妈妈不离不弃。有了小妹妹欢欢之后,乐乐还因为爸爸妈妈陪伴欢欢更多而吃醋呢!然而,自从升入小学三年级,乐乐突然间变了,他不但要求自己独立上学和放学,而且如果爸爸妈妈想带他去哪里,他也会不好意思地推辞。

意识到乐乐这个变化之后,原本嫌弃乐乐是个甩不掉的小尾巴的爸爸妈妈,突然间失落起来。尤其是有一次妈妈带着乐乐出去,乐乐都不让妈妈挽着他的胳膊,妈妈觉得自己被排斥了。还有一次,乐乐要去看电影,妈妈也想去,还想与乐乐结伴而行,乐乐却说:"如果你们想去,你们就自己去吧,我等下次再去,我觉得没有必要结伴去啊!"妈妈失落极了,实

际上，乐乐不仅对妈妈如此，对爸爸也适当保持距离，不愿意特别亲近了。妈妈和爸爸说起自己的感触，却惊讶地发现爸爸也是同样的感觉，妈妈不由得感慨万千：看来，乐乐真的长大了，我们也要"断奶"了！

台湾作家龙应台曾经说过：所谓父母子女一场，就是看着孩子的背影渐行渐远。对于父母而言，孩子不断成长的过程，也就是孩子的"翅膀"渐渐长出来，直到羽翼丰满，离开父母的身边独立去生活的过程。因而每个父母都要意识到，养育孩子，本质上就是学会放手。在孩子脱离母体的那一刻，母亲要学会适应空荡荡的子宫；在孩子戒掉母乳的那一刻，母亲要习惯那个毛茸茸的小脑袋再也不会在自己的胸脯上拱来拱去，娇嫩柔软的小嘴巴也不会急迫地寻找饱含乳汁的乳房；当孩子走出家门去幼儿园，也许第一天的时光里，最难熬的就是母亲，不是担心孩子饿了渴了，就是担心孩子是否哭了闹了……孩子上大学了，彻底离开家了，孩子成立家庭了，不再把父母的家当成是自己的家了……在一次又一次的离别中，孩子渐渐成长，最终成为顶天立地的人。

从孩子脱离母体的那一刻，父母就要学会对孩子放手。对于孩子的成长来说，放手是比无微不至的照顾更重要，是孩子成长不可替代的必然经历。如果父母总是以爱的名义紧紧抓住孩子不放手，那么孩子正常的成长就会受到影响甚至遭到阻碍，孩子就无法健康快乐地面对这个世界。最可怕的是，父母往往能够坚决制止任何有可能伤害孩子的行为，但是对于以爱之名义的禁锢，大多数父母却往往不知不觉，直到把孩子照顾得成为自私、无能的人时，他们才恍然大悟，但为时已晚。

孩子对父母的需要在他们刚刚出生时是最多的，此时他们与父母的关系也最为密切，但是随着孩子不断成长，他们与父母的关系会渐渐变得疏离，因为他们逐渐具备了照顾自己的能力。直到孩子真正长大，可以独立生活，他们再也不依赖父母，只希望父母尽快调整好心态，尽快对孩子"断奶"，从而减少对孩子的干预，给予孩子更广阔的人生空间。在此过程中，父母从被孩子完全依赖，到被孩子的成长"疏离"，自然会觉得失落，因而要调整好内心的状态，保持心理平衡，才能在孩子的成长中体面退场，扮演合适的角色。

8．"懒惰"的父母，才能培养出勤快的孩子

一直以来，妈妈都对杰米照顾得无微不至，杰米呢，也安然享受着妈妈的照顾，每天都是衣来伸手、饭来张口。虽然已经九岁了，但是杰米从未自己洗过袜子、短裤，甚至都没有自己盛过饭。看到别人家的孩子那么勤快，妈妈总是表示羡慕，不知道别人是有怎样的好福气才有一个什么都会做的孩子，父母也能多享享福。

有段时间，妈妈因为阑尾炎住院手术，原本她以为在手术期间家里一定会变得乱七八糟，没想到等她一个星期之后出院回家时却发现，家里干净清爽，地板干干净净，桌面也很整齐。妈妈很惊讶，以为这一切都是爸爸在工作之余忙里偷闲收拾的，却没想到这都是杰米的杰作。看着杰米熟练地拖地、洗菜，还能煮面条时，妈妈简直震惊了。她问杰米："你是什么时候学会做这一切的？"杰米骄傲地对着妈妈笑了笑，说："我当然会做啊，只不过平时你什么都做好了，所以我就没有机会表现啦。如果你能懒惰一些，我就会更勤快，正好现在你生病了，也可以好好休息，让我来表

现表现吧。"吃着杰米亲手煮的面条，妈妈觉得很幸福，暗暗想道：原来，是我的勤快造就了孩子的懒惰，难怪杰米有个同学那么勤快，就是因为他的爸爸妈妈很懒惰啊！

　　细心的父母如果认真观察就会发现，假如父母很懒惰，或者父母都是全职上班的，那么孩子就会很勤快，也能做很多力所能及的事情，尽量自己照顾自己。而如果家庭里只有爸爸上班，而妈妈负责在家里全职照顾孩子，那么妈妈就会对孩子照顾得无微不至，甚至有很多妈妈始终坚持把水果削好皮，切成块，再插上牙签给孩子吃。正是这样勤快能干的妈妈，造就了很多高分低能的孩子，他们在妈妈的照顾下能够全心全意学习，因而学习成绩都不错，但是对于生活的自理能力却很差。

　　作为父母，如果想培养孩子的自理能力，就要变得"懒惰"一些，对于孩子能干的事情，就尽量让孩子亲力亲为，而不要随便为孩子代劳。否则，一旦孩子养成懒惰的习惯，就会形成惯性，自然无法变得勤快。

　　很多习惯一旦养成，就很难改变，因而父母一定要重视对孩子好习惯的培养，不要觉得在孩子小时候多多疼爱和宠溺孩子没关系，等到孩子大了再培养好习惯即可。要想让孩子养成好习惯，就一定要从孩子小时候创造机会，让孩子勤于动手，乐于奉献，这样孩子长大之后才能继续坚持好习惯，也会因为好习惯而成就一生。

9. 比较为何会让孩子歇斯底里

　　这次期中考试，乐乐的成绩不是很好，只考了班级里二十几名。对于有着45个人的班级而言，二十几名意味着只是中等生，这与妈妈理想的前十名还是有很大差距的。而楼上的邻居小雅，虽然看起来只是一个文文弱弱的小姑娘，却考了全班第一名，年级第三名的好成绩，这让妈妈非常羡慕，也不止一次在乐乐面前说起："你看看小雅，人家只是一个小姑娘，怎么就能学习那么好呢？再看看你，人高马大的，却考不过一个小姑娘。"乐乐有些不服气，撇着嘴说："人家从一年级就开始上课外班，人家寒暑假都出去旅游，你怎么不说呢？"妈妈很生气："你总是和别人比游玩，你怎么不和别人比学习呢？你要是愿意上课外班，我也可以给你报名，你平时连学校的作业都做不好，还要上课外班，那天天岂不是连睡觉的时间也省了。你赶不上小雅，还在这里狡辩。"

　　听到妈妈接二连三如同连珠炮地将自己和小雅比，乐乐突然感到懊恼，说："对，我就是赶不上小雅，你喜欢小雅，你让小雅当你闺女呗。"这句话说得妈妈无语，妈妈一下子被气到了，瞪大眼睛看着乐乐。乐乐一副破罐子破摔的样子："只怕你这样的妈妈，只会比来比去，人家小雅还不愿意当你闺女呢！"听到"比较"二字，妈妈似乎知道乐乐为什么反应这么激烈了，其实她知道孩子最讨厌比较，因而她赶紧停止比较，不再激怒乐乐。

孩子为什么不喜欢比较呢？其实不仅孩子不喜欢比较，成年人也是不喜欢比较的。也可以说，没有人愿意被比来比去，他们更愿意成为自己，而不想成为比较的资本。而比较，则恰恰会让孩子感觉很糟糕，觉得自己是被父母否定的，这让他们觉得懊恼，也不知道如何才能在生命的历程中更好地做自己，实现自己的价值。细心的父母会发现，孩子很容易被比较激怒，尤其是当父母把他们和那些身边的孩子比较时，他们总会觉得自己受到了不公正的对待和父母的轻视。实际上，把孩子与其他孩子进行横向比较的确是不可取的。首先，每个孩子作为独立的生命个体，他们的天赋都是各不相同的。其次，孩子的成长环境也各不相同，有的孩子父母本身就是高级知识分子，或者是老师，学习上自然近水楼台先得月，而有的孩子父母本身就文化水平低，孩子的学习就只能依靠自己，无疑把孩子们放在一起比较对孩子而言并不公平。这就像是在职场上，把有后台和背景因而晋升顺利的人，和没有后台与背景、只能依靠自己去打拼的人放在一起比较，在他们还没有凭借实力分出高下时，这对他们而言当然是莫大的不公平。

很多父母都会把比较作为激励孩子的手段，却不知道孩子在比较中非但不能做到奋发图强，反而会变得沮丧。**不把孩子进行横向比较，那么如何激励孩子呢？**最好的办法就是对孩子进行纵向比较。所谓纵向比较，就是线性比较，即把孩子的今天与昨天进行比较，把孩子进步之后与进步之前进行比较。或者也可以通过纵向比较得知孩子的退步情况，从而提醒孩子要继续努力，再接再厉，而不要懈怠。把孩子与自身的不同时段进行比较，不会激怒孩子，也会让孩子对于自身的发展情况有更好的了解，从而积极主动地调整状态，更加发奋努力。

作为明智的父母，既然知道横向比较会让孩子抓狂，甚至歇斯底里，

那么就不要以此挑战孩子的心理底线。唯有采取更加适宜的纵向比较法，让孩子知晓自己的进步幅度和发展脉络，才能激发出孩子的潜能，让孩子理性对待自身的发展，做好人生的规划。

10．消除代沟，让沟通更顺畅

一直以来，妈妈都觉得和乐乐在沟通方面有障碍，例如，对于乐乐所说的很多时髦用语，妈妈都不了解，也不知道意思，因而在与乐乐交流时也就无法做到准确到位。当然，对于日渐长大的儿子，妈妈是很想了解乐乐的内心的，毕竟乐乐即将进入青春期，如果亲子沟通不畅，就会导致严重后果。每个经历过孩子青春期的父母都知道，当面对青春期的孩子却不知道孩子在想什么，那种感觉是非常无奈的。

一天，乐乐放学之后兴致盎然地和妈妈说起和同学之间发生的趣事，当乐乐对妈妈说"蓝瘦、香菇"时，妈妈瞪着无辜的大眼睛看着乐乐，一脸蒙圈。这时，乐乐不耐烦地说："好啦，我去写作业啦，和你说你也听不懂。"妈妈赶紧说道："你告诉我意思，我不就知道了么！"乐乐有些轻蔑地说："切，你见过谁聊天之前还得当老师的，我累不累啊！"看着乐乐毅然决然的背影，妈妈意识到和孩子之间有了代沟，消除代沟，促进沟通是她迫切要做的事情。

为此，妈妈开始做准备，经常上网看一些网络流行用语，也常常会在乐乐带回班级日记的时候仔细阅读，从而更加了解孩子们心里是怎么想的，彼此在班级生活中又是如何相处的。渐渐地，妈妈对乐乐越来越了解，与乐乐的沟通也更加顺畅，她再也不怕乐乐忽然说出"蓝瘦、香菇"之类的网络用语了。

曾经有人提出，每隔五年就是一代人，也就是相差五岁的人之间，不管是想法、观点，还是做人行事的风格等，都会存在差异。妈妈与乐乐相差三十岁，她当然不想让自己与乐乐之间相差六代人。然而，大多数父母和子女之间都是有代沟的，唯一的区别在于有些父母有着年轻的心，也愿意多多用心了解孩子，因而他们相对而言更了解孩子。而有的父母则只关注孩子的吃喝拉撒睡等，很少关注孩子的心灵，因而代沟也就表现得更为明显。

从本质上而言，父母要负责照顾新生儿的吃喝拉撒，然而随着孩子不断成长，需求从偏重生理过渡到偏重心理，因而父母必须也要有所侧重，才能更加熟悉和了解孩子的内心，也才能更好地陪伴孩子成长。否则，当孩子觉得与父母沟通就像面对陌生人，可想而知孩子一定会觉得兴致索然，也会因此失去与父母沟通的欲望。

良好的亲子关系，一定是建立在顺畅沟通的基础上的。从孩子呱呱坠地开始，父母就陪伴在孩子身边，只要用心，一定能够跟随孩子的脚步一起成长。有人说，父母子女一场，就是渐行渐远的过程。实际上，当父母始终怀着赤子之心，与孩子像朋友一样相处，那么父母就能作为朋友始终陪伴在孩子身边，也能够给予孩子心灵上的滋养。

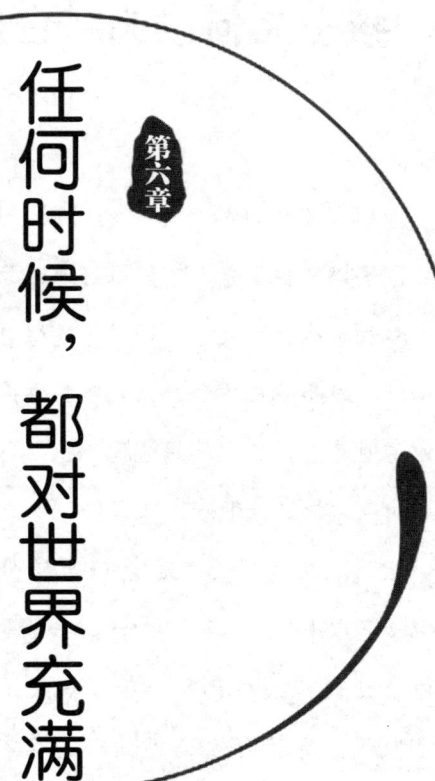

第六章
任何时候，都对世界充满爱与感恩

前文说过，如今的孩子都很胆小，不够勇敢，是因为女性主要担任照顾孩子的责任，而男性则大多数时间都在外面打拼，负责养家糊口。这样一来，孩子被女性照顾得过于周到，也颇多限制，孩子自然会变得越来越胆小。其实，过分周到的照顾不但会让孩子胆小，也会让孩子养成不知感恩的坏习惯。当一个人习惯了索取，他就不觉得自己是在索取；当一个人习惯了接受，他就渐渐忘记了感恩。一个不知道感恩的孩子，是会让父母和周围的人伤透了心的，而一个不知道感恩的孩子身后，一定站着付出无度的父母。如何才能让孩子对世界充满爱和感恩呢？这是家庭教育中最重要且难度最大的问题。

1. 孩子为何成为"白眼狼"

大雄七岁了，从怀着他的时候，妈妈就辞掉工作在家养胎。生下大雄之后，妈妈又担心老人不能很好地照顾大雄，因此就一直没有工作，留在家里专心致志地养育大雄。妈妈总觉得自己不上班，专门带孩子，是整个家庭的牺牲，因而她拼尽全力把大雄照顾得非常周到。每当看到爸爸下班回家满怀爱意地看着大雄，妈妈也就不觉得自己没有工作、没有收入是家庭的负担了。的确，把孩子带好，教育好，不就是她对这个家最大的贡献吗？

然而，在妈妈七年毫无保留的付出中，大雄渐渐变成了"白眼狼"，他似乎不把妈妈当妈妈，而是把妈妈当成一个保姆使唤。例如早晨起床，大雄会让妈妈给自己穿衣服；如果饿了，大雄就颐指气使地吩咐妈妈给自己做饭；有的时候妈妈做的饭菜不合胃口，大雄就会生气地让妈妈重做……妈妈呢，虽然觉得大雄有些任性，但却没有意识到问题的严重性，总觉得自己既然不上班，就把能干的事情都干了，才算实现了自己对于家庭的价值。

一天，妈妈突然觉得腹部绞痛，去了医院检查，才发现是急性阑尾炎，当即就要住院手术。妈妈担心大雄没人照顾，非要输液保守治疗，爸爸坚决主张住院："到底是命重要，还是孩子的一顿饭重要呢？"手术当天，恰逢周六，爸爸把大雄也带到医院去送妈妈进手术室。然而，当妈妈还在手术室里没有出来时，大雄就一个劲地催促爸爸："爸爸，我饿了，要吃饭，咱们走吧！"爸爸不断地和大雄说妈妈还在手术室里，要等妈妈平安出来，并且从自助机上买了饼干给大雄吃，但是大雄就是不愿意。爸爸最终生气了，批评大雄："平日里，都是谁照顾你的？你生病了，又是谁背着你去医院，守着你输液的？如今妈妈生病了，你这个孩子怎么这么不懂事。妈妈手术是很危险的，咱们能离开吗？"在爸爸的严厉批评下，大雄终于不作声了，但是爸爸却意识到大雄的不知感恩，也意识到妈妈平日里肯定是太惯着大雄了。

如今，年轻人生活压力大，工作上竞争也异常激烈，这使得生存变得和战斗一样，让人紧张不安。也许是因为自顾不暇吧，很多年轻人都变得特别不孝顺，甚至不愿意回家看望父母，任由父母在家里望眼欲穿，更别说能对父母尽到赡养的义务了。每一个有着不孝之子的父母，都会对孩子怨声载道，觉得孩子没良心，是个"白眼狼"，却从未想过孩子为何会变成"白眼狼"。

> 每一个不孝子的背后，都是父母的过度疼爱；而每一个"白眼狼"的背后，都有对他们十分溺爱且无原则骄纵的父母。

这样的父母看起来非常伟大，因为他们对于孩子的爱是真正无私的，哪怕在孩子有能力的情况下，他们也不愿意让孩子付出。从小到大，每当有好吃的，他们宁愿把好吃的都留给孩子，甚至孩子吃不完剩下，他们自己也舍不得吃。他们对孩子太过骄纵，超出孩子所需地溺爱孩子，最终导致孩子成为心里只有自己、没有父母的"白眼狼"。

明智的父母不会过度骄纵孩子，有了好吃的东西，他们也不会留给孩子独享，而是会与孩子分享。当身体不舒服的时候，他们会向孩子求助，让孩子给自己端茶倒水，习惯于让孩子学会回报和照顾父母。如果孩子过年有了压岁钱，有的父母会向孩子索要礼物，而绝不会在孩子想给父母花

钱时连声拒绝。父母唯有习惯于接受孩子的好意，孩子才会养成孝顺父母的好习惯。否则，当父母总是以付出的角色呈现在孩子生命中时，日久天长，孩子必然会觉得父母的一切付出都理所应当，也因为从未吃过苦而不懂得感恩父母的付出。所以，父母要想教养出知道感恩的孩子，就要让孩子承担更多，感受更多，让他们学会适当地付出。

2．子不嫌母丑，狗不嫌家贫

有一天，妈妈正巧路过学校，就顺道去接小雅放学，不想小雅看到妈妈之后却目光躲躲闪闪，还故意低下头，就像害怕妈妈看到她一样。妈妈不知所以然，一时之间也不敢唐突地喊小雅，因而就当没看见小雅，跟在小雅身后离开了学校。直到走出学校很远，小雅才站在路边等着妈妈赶上来。妈妈走到小雅身边，问小雅："小雅，你今天怎么了，看起来就像有什么见不得人的事情一样。快点告诉妈妈吧，弄得我特别担心。"小雅看了看妈妈，欲言又止。

妈妈很着急，生怕小雅发生了什么事情，因而不停地追问。无奈之下，小雅只好告诉妈妈："妈妈，你来接我干吗呀？我自己可以回家的。我不想让班级里的同学看到你，因为我们班娇娇的妈妈和你一样胖，结果同学们都喊娇娇的妈妈为胖大妈。我可不想让同学们也这么喊你，那简直太尴尬了。"妈妈听到小雅这么说，有些不好意思，也很伤心。晚上回家，妈妈把这件事情告诉了爸爸，爸爸当即火冒三丈，非要去教训小雅。妈妈劝爸爸不要小题大做，爸爸却说这是个很严重的问题。后来，在爸爸保证不和小雅大喊大叫之后，妈妈才同意爸爸去找小雅谈一谈。

爸爸走进小雅的房间，看到小雅床上铺着素雅的床单，因而说："小雅，你的床单真漂亮，和你的名字一样雅致。"小雅笑了，说："这是妈妈刚刚给我买的，我也特别喜欢。"爸爸说："是吗？那妈妈的眼光太好了，我觉得她给你买的衣服也很漂亮。不过，妈妈自己穿得却很寒酸，你知道是为什么吗？"小雅摇摇头，爸爸继续说："妈妈总是把最好的给你，给爸爸，而她说自己在家里操持家务，不需要穿得那么好。另外，妈妈这几年越来越胖，也总说自己买不到漂亮的衣服了。"小雅深有感触，马上接茬："是的，妈妈的确太胖了，是个胖妈妈。"爸爸正等着小雅这句话呢，对小雅说："你能想象妈妈以前比姑姑还瘦吗？"小雅惊讶地张大嘴巴，眼睛里写满了疑问，爸爸接着说："在生你之前，妈妈比姑姑更苗条。但是妈妈遗传了姥姥的易胖体质，怀你的时候，因为你的吸收不太好，所以很瘦弱，医生建议妈妈补充营养，所以妈妈就不顾自己的身材，把自己吃得特别胖，你才长了一点儿肉。"听了爸爸的话，小雅有些懊悔，她很后悔下午的时候自己嫌弃妈妈。

爸爸似乎看透了小雅的心思，继续说："你生下来之后身体娇弱，为了有充足的奶水喂养你，妈妈每天都要喝两大碗各种汤，结果你才满月，就长了三斤肉，此后更是后来居上，长得比同龄小朋友更强壮。其他妈妈为了身材，孩子半岁就给孩子断奶，但是你妈妈觉得母乳好，吃了健康，就坚持给你喂奶到两岁。你还记得自己小时候不怎么生病吗？那都是妈妈的乳汁起的作用啊！"爸爸的话还没说完，小雅的眼泪就吧嗒吧嗒掉了下来："原来，妈妈都是为了我才长胖的。"爸爸点点头："是啊，妈妈一长胖就不容易瘦了，又因为年纪越来越大，运动量也跟不上，所以才会这么胖。小雅，你要记住，不管别人说什么，妈妈就是妈妈，永远是你在这个世界上

最亲的人。"小雅含着眼泪，重重地点了点头。

民间有句俗语："子不嫌母丑，狗不嫌家贫"。但如今，知道这句话的孩子越来越少，因为在父母无微不至的照顾中，孩子越来越习惯于接受父母给予的一切，而丝毫没有想过父母在他们身上付出了多少。尤其是很多孩子嫌贫爱富都嫌到自己家里了，甚至还嫌弃父母挣钱太少，不能给他们买名牌的衣服鞋子，不能给他们更奢侈的生活。

古人语：一粥一饭当思来之不易。对于如今的孩子们而言，最缺少的就是追根溯源的精神。他们每天都安然享受着父母为他们提供的一切，却从未想过父母为了给他们提供更好的，付出了多少辛苦，又饱尝了多少艰辛。

因此，为了让孩子更懂得珍惜和感恩，父母在教养孩子时，一定要抓住各种机会，让孩子认识到幸福生活来之不易，让孩子意识到父母为了给他们提供更好的生活条件付出了多少努力。唯有如此，孩子才不会抱怨父母没有给自己提供更好的，也才不会对父母有太多不切实际的奢望。

3．孩子，是父母的镜子

最近，乐乐的脾气变得越来越暴躁，稍有不如意就会大喊大叫，而且嗓门越来越大，生气的时候简直能把屋顶掀翻。对于乐乐的表现，妈妈觉得很纳闷，甚至怀疑九岁的乐乐是否提前进入了青春期，否则为何如此叛逆、如此敏感、自尊心又如此脆弱呢？

一天，乐乐拿着几本书回到家里，不想，小妹妹欢欢看到书之后就来抢夺。乐乐躲来躲去，又有些存心逗弄欢欢，结果一不小心，欢欢把书撕坏了。乐乐马上大发雷霆，还使劲拽欢欢的胳膊，大喊着："你怎么回事，你这个可恶的家伙，你这个小妖怪！"欢欢被乐乐吓得哇哇大哭，妈妈听到这么大的动静，赶紧出来查看情况。看到乐乐歇斯底里的样子，妈妈气得喊道："乐乐，你疯了吗？你这样会吓着小妹妹的！"妈妈说完，就抱着欢欢去房间里了，留下乐乐一个人气得又喊又叫，蹦来蹦去。正在此时，爸爸回来了，问起妈妈是怎么回事，妈妈自然发了一通牢骚。爸爸小心翼翼地说："媳妇，你不觉得乐乐的脾气和你有点儿像吗？从小，他只要犯了什么错误，你就会冲着他大喊大叫，没完没了，他岂不就是你的影子吗？我觉得以后你也要控制一下自己的情绪，否则又怎么能抱怨孩子的脾气不好呢！"听了爸爸的话，妈妈第一时间就想吹胡子瞪眼，而随后冷静下来想想爸爸的话，又觉得他说得有道理。孩子是父母的镜子，乐乐的火爆脾气又何尝不是她的镜子呢？！

如果父母中有一个人脾气不好，那么孩子的脾气就会要么非常火爆，要么因为受到父母的压制而变得逆来顺受，胆小怯懦。如此两种极端的性格，对于孩子的成长而言都是不利的，因而父母在抱怨孩子性格不好时，首先要反省自身，看看自己的暴躁性格是否对孩子起到了负面的影响。

除了性格方面的影响之外，父母的一言一行也会影响孩子。有的父母喜欢攀比，那么孩子也会变得喜欢攀比；有的父母撒谎成性，孩子也在不知不觉间学会了撒谎；有的父母性格憨厚，待人诚实，孩子做人做事也一板一眼，绝不张狂……总而言之，父母身上不管是好的还是坏的因素，都会对孩子产生或大或小的影响，也会对孩子的人生起到一定的作用。作为

二、父母,要想教育出理想的孩子,在当了父母之后就要谨言慎行,调整好心态,控制好言行,千万不能继续任性而为。这是因为父母是家庭环境的营造者,也是孩子成长的陪伴者。父母唯有更好地为孩子树立榜样,以身示范,孩子才能成长得更好,也才能达成父母的心愿,成为父母理想中的样子。

> 每个孩子呱呱坠地的时候就像一张白纸,看起来洁白无瑕,纤尘不染。作为孩子的陪伴者,父母几乎每时每刻都在孩子身边,潜移默化地影响着孩子。

在成长过程中,孩子几乎一直处于学习和模仿外界的过程中,因而父母的表现会对孩子的成长和发展起到至关重要的作用。作为父母,要想让自己更美好的一面展现在他人面前,就要重视孩子这面镜子,也要把自己最完美的一面呈现在这面镜子面前。

4．妈妈,我爱你

杰米尽管不是最优秀的孩子,而且还时常给爸爸妈妈闯祸,但是爸爸妈妈都非常爱他,而且也从未嫌弃过他。那么杰米究竟有何魔力,居然让爸爸妈妈如此爱他呢?

原来,杰米有一个非常大的优点,就是他从不吝啬于对爸爸妈妈说"我爱你"。每当爸爸妈妈被他气得七窍生烟时,他的一句"我爱你们",就会让爸爸妈妈的怒气烟消云散,马上就觉得杰米是上帝赐予他们的天使,是上帝赏赐给他们的最好礼物。有的时候,看到杰米哭着说出"妈妈,我爱你",妈妈的心简直都要碎了,她非常心疼杰米,再也舍不得打骂、批评杰米。其实，杰米之所以如此善于表达爱，都是因为他的妈妈是美国人。因为妈妈的存在，他们全家人都习惯于相互搂抱、亲吻，绝不避讳地去表达爱。这也使得整个家庭更加紧密地团结起来，杰米更是从小就在爸爸妈妈的疼爱中长大。

在西方国家，人与人之间对于爱的表达是非常自然的，尤其是父母与子女之间，似乎随时随地都在用拥抱、表述、亲吻等方式表达爱。但是在中国，因为受传统观念的影响，从孩子渐渐长大起，父母就很少拥抱孩子，更不会对孩子表白"妈妈爱你""爸爸爱你"等字眼。如此一来，孩子们自然也无法从父母那里学会表达爱的方式，也就无法得到表达爱的经验。

在夫妻关系中，很多夫妻虽然结婚多年，却依然保持着浓浓的爱意和浪漫，这是因为他们从不吝啬表达感情。而在更多的夫妻中，他们以爱情已经转化为亲情为借口，很少真正去表达内心的感受和对对方的爱意。如此一来，夫妻关系变得越来越冷漠，哪怕心底里流淌着感情，表面上也是彼此疏离的。同样的道理，父母和子女之间的关系也是如此。当父母被问起是否爱自己的孩子，他们总是觉得很惊讶：父母爱自己的孩子难道不是天经地义的事吗？这件事情还需要验证吗？然而情感专家告诉我们，哪怕爱就流淌在心底，我们也要学会表达，更要学会与所爱的人互动。

在家庭教育中，父母之间自然真诚地表达爱，也能够为孩子营造良好的充满爱与自由的环境。孩子耳濡目染看到父母之间彼此相爱，真诚表达，他们也会渐渐地习惯于表达爱。相反，如果在一个家庭中父母的关系很疏离，几乎从不主动表达爱，那么孩子也会封闭自己的感情，把爱深深地藏在心底。引导孩子把爱说出来，有利于增强亲子感情，加深亲子关系。有人说表达爱只是形式主义在作祟，真正的感情是心里明白，其实不然。真正的感情是需要表达的，也需要坦然告诉所爱的人。正是在这样

的形式中,在一次次的表达中,感情才会不断加深,亲情也会变得更深更浓。当孩子自然地告诉父母"妈妈,我爱你""爸爸,我爱你"时,说明家庭生活中对于感情的经营已到达了一定的境界和高度,值得继续努力。当然,要想让孩子这么说,前提是父母要习惯于对孩子说"宝贝,妈妈(爸爸)爱你",父母之间也要习惯于对彼此说"亲爱的,我爱你"。很多人都觉得这很肉麻,其实只要养成习惯,就不会"爱你在心口难开",而是会理所当然地表达出爱意。

5．把爱的讯息传递给孩子

最近这段时间,乐乐可没少闯祸,不知道被妈妈批评教育了多少次,还挨过几巴掌呢。但他就是不愿意妥协,依然故我,甚至因为叛逆,导致自己的反叛行为更加变本加厉。妈妈苦恼极了,却对乐乐无计可施。

一个周五的早晨,乐乐因为堵车上学迟到了,被老师罚站,并且,老师还把乐乐被罚站的照片拍下来发到班级群里。看到儿子满脸委屈、满面通红的样子,妈妈很心疼,当即质问老师这么做是什么意思。老师原本指望着妈妈能教训乐乐一通,没想到却被妈妈一通抢白:"作为老师,我觉得您这么做是不合适的。孩子已经读三年级了,已经长大了,有自尊心了。在城市里生活,又因为我家住得远,堵车是很正常的吧,所以我们每天都提前一个小时出家门,走半个小时的路程,就是怕堵车迟到。几年来,我们没有迟到过,这次的确是遇到大堵车,孩子迟到了,您作为老师就这么羞辱孩子吗?不怕孩子的心灵受到伤害,以后变得叛逆吗?"妈妈的一通话说得老师哑口无言，也觉得自己的确做法欠妥。后来，妈妈回家之后严肃告诉乐乐以后早晨起床一定要动作迅速，从而坚决杜绝再次迟到，乐乐也意识到了错误，当即对妈妈的话表示认可。后来，妈妈又和乐乐分析了老师的做法，并且告诉乐乐："乐乐，通过这次迟到事件，我觉得我们是需要反思的，你们老师的做法也是欠妥的。你要记住，我们是爱你的，不管发生什么事情，爸爸妈妈都坚定不移地站在你的身边。咱们有则改之，无则加勉，有错就改就是好孩子！"妈妈的话把乐乐感动得热泪盈眶，原来妈妈每次批评他都是为了他好，而在关键时刻，妈妈的确是力挺他的。

> 向孩子传递爱的讯息，这一点非常重要，这能使孩子信任父母，让孩子不管遇到什么困难，都能第一时间向父母求助。

如果孩子不能感受到父母的爱，如果父母以爱的名义对孩子进行的各种管教让孩子意识到父母对他们很苛刻，那么这条爱的通道就会被切断，孩子未来在遇到任何事情的时候都会避免告诉父母，而向其他人，诸如同学、朋友等求助，这会导致孩子误入歧途的概率大大增加。

一直以来，中国的父母都不太善于向孩子表达爱，在潜意识里，他们似乎觉得亲近的人之间说爱是很害羞的。通常情况下，父母会选择为孩子做好吃的、给孩子买新衣服和玩具、督促孩子认真学习等方式表达对孩子的重视，但是这却不是爱的最正确的呈现方式。真正的爱，是要大声说出来的，是要被孩子确凿无疑相信的。

每个父母都想与孩子之间建立良好的亲子关系，那么就要走出爱的误区，不要总是一说起爱就觉得很害羞。哪怕是亲如父母子女之间，也要勇敢大胆地表达爱，这样才能让家庭中的爱意更浓，也才能让一切爱的行为

习惯得以水到渠成地建立。

很多孩子不善于表达爱,并非是因为他们心中没有爱,而是因为他们从不知道如何表达爱,也因为没有接收过父母传递来的爱的讯息,使得他们内心很封闭,纵使有灼热的感情,也只能深深地埋藏在心底,从未表露出来。

前文说过,孩子是父母的镜子,因而孩子不会表达爱,其实这与父母的封闭、保守是有很大关系的。如果父母感情冷漠,那么孩子也往往表现出冷漠的样子,不懂得如何变得热情,给人带来温暖。毋庸置疑,作为父母,一定是很爱孩子的。然而,大部分父母并不知道如何向孩子传递爱的讯息,表达自己的爱。在被问及是否爱孩子时,他们往往觉得很惊讶,因为他们认为父母爱孩子是天经地义的,也是根本不需要求证的。在父母心里,他们对孩子的爱显而易见,不容任何怀疑;而在孩子心里,他们却很委屈,觉得自己从未感受到来自父母的爱。所以每一个父母都要改变表达爱的方式,除了在孩子熟睡的时候凝视着孩子的脸庞,感受孩子随着呼吸而一张一合的鼻翼,父母更要在孩子醒着的时候多拥抱孩子,多和孩子脸颊贴着脸颊,在一起亲昵。

父母必须知道,孩子不能从父母的打骂中感受到爱,也不能从父母对他们的管教中感受到爱,孩子只想得到赤裸裸的爱的表达,只想在父母温暖的怀抱中感受深情,在父母的包容中体会父母的付出。当你把孩子拥抱在怀里,当你用满怀爱意的手掌心轻轻摩挲孩子的脑袋,当你在对孩子说话时温言细语,你要相信孩子一定会感受到来自你的爱。所以,明智的父母会把爱的信息传递给孩子,会让孩子在父母的深爱中找到安全感和归属感,也会让孩子无条件地信任父母,不管有任何问题都会在第一时间向父母求助。这样的父母,才是合格且成功的父母。对于父母而言,最大的悲哀是以严厉和冷漠伪装对孩子的爱，而当孩子遇到过不去的坎时，非但不向父母求助，反而会因为担心父母批评和责骂自己，而故意隐瞒父母、疏远父母，转而去求助其他人。因此，作为父母，要时常反思，你确信自己的孩子已经接收到你爱的讯息了吗？

6．关爱，让孩子远离冷漠

作为一名留守儿童，杨浩每年只有一两次机会见到父母，或者是在暑假去父母打工的地方与父母小聚，或者是在春节的时候，父母急急忙忙回家待几天。除此之外的时间里，杨浩一直和年迈的爷爷奶奶生活在一起。如此短暂的相聚，对于正需要父母陪伴的孩子而言，无疑太短暂了，短暂到杨浩有很多心事都没来得及对妈妈倾诉，妈妈就离开了。渐渐地，杨浩习惯了把所有的心思都隐藏在心里，不对任何人说。

在学校里，杨浩也是很孤独的，她除了和同桌相处比较好之外，几乎不和其他同学打交道。有一段时间，杨浩因为心情不好，还和同学之间发生了很大的矛盾，也惊动了班主任。班主任这才意识到杨浩平时里看似内向文静，实际上是封闭了心灵，心底非常冷漠。为此，班主任当即联系了杨浩妈妈，要求她马上回家陪伴杨浩一段时间。妈妈得到消息后，因为一时之间走不开，就和杨浩通了电话。在电话里，杨浩哭着问妈妈："他们都说我太冷漠，可是你们从来没有关心过我，给过我温暖，我怎么给别人温暖呢？我就是很冷，因为我的心也很冷。"一个才三年级的女孩说出这样一番话，此刻她原本应该无忧无虑地依偎在妈妈的怀抱里撒娇，妈妈觉得很伤心，也感得亏欠了杨浩。为了改变杨浩的性格，妈妈辞掉了工作，留下爸爸一个人在外面打工挣钱，而她则选择回到家乡陪孩子一起成长。

孩子从呱呱坠地来到人间开始，最亲近的人就是父母。在孩子成长的过程中，如果父母不能给孩子温暖，也对孩子缺乏关爱，那么日久天长，孩子必然会感到内心空虚，甚至对父母产生恨意。事例中的杨浩因为常年和父母分居两地生活，也因为爷爷奶奶年纪大了，不能关注她的心灵，因而心理渐渐扭曲，也失去了对生活的热情。不得不说，对于孩子而言，这样的状态是很可怕的，一旦孩子完全关闭心门，还会导致成长中出现更多的问题。

父母养育孩子，绝不是给予孩子一条生命就完成使命的。所谓十月怀胎，一朝分娩，只是进行了养育孩子的第一步，更漫长的付出还在后面。对于孩子的一颦一笑，父母都要给予完全的关心，甚至对于很多襁褓中的婴儿，父母每天都要密切关注他的吃喝拉撒，有的父母还会把孩子的臭臭放到眼前认真观察，放到鼻子底下仔细地去闻。等到孩子渐渐长大，有了更多的需求，父母更是竭尽全力满足孩子，并且时刻都关注孩子的心灵健康和感情需要。一个生命的成长，实在需要太多的东西，这些东西既有物质方面的，也有精神方面的，必须面面俱到，才能保证孩子健康成长。

作为父母，不但要学会向孩子表达爱，更要学会向孩子传递爱，还要不断关爱温暖孩子的心灵，滋养孩子的精神。

是否在充满爱的环境中成长，是否得到父母足够的关爱，对于孩子的成长而言是至关重要的。作为父母，如果你此前一直忙于工作，那么从现在开始，就要协调好工作与陪伴孩子的关系，给予孩子足够的关爱，否则错过了孩子成长的过程，再想弥补就悔之晚矣了。

7. 享受孩子的爱，让孩子养成爱你的习惯

西西两岁了，已经开始学会向妈妈表达爱。有的时候，她会抱着妈妈的脖子，把自己的脸颊贴近妈妈的脸颊，与妈妈亲密无间。有时，她还会拿着自己特别爱吃的巧克力和妈妈一起分享。然而，妈妈每次都会对西西摆摆手说："妈妈不吃，西西吃，西西吃了长大个。"刚开始时，被妈妈拒绝，西西会觉得有些落寞，时间久了，西西总是被妈妈拒绝，再有好吃的，她就不主动送给妈妈吃了。有的时候，妈妈逗弄西西，故意向西西要，西西也会奶声奶气地说："妈妈不吃，西西吃了，长大个。"随着不断成长，西西已经五六岁了，但是吃什么东西都不愿意分享，就连和最亲的妈妈，她也舍不得付出。

上述事例中，西西真的是个自私的孩子吗？其实不然。她才两岁，就会把自己喜欢吃的东西主动给妈妈吃，为何反而到了五六岁的时候，再也不愿意和妈妈分享任何美食了呢？其实这不是西西的错，而是妈妈没有抓住西西乐于分享的时刻，帮助西西养成爱分享的习惯。妈妈觉得把所有好吃的都给西西，就是疼爱西西，实际上这种想法大错特错。一旦孩子养成自私的习惯，就很难改变，而且等到父母需要孩子照顾时，孩子也会因为从小就自私自利而排斥和抗拒父母。

和西西妈妈恰恰相反，曾经有个妈妈非常"嘴馋"，不管孩子吃什么，这个妈妈都要求自己先吃一口。而且，妈妈的吃一口不是装模作样地假

吃，而是真的一大口下去，甚至有时会把孩子原本就不多的糖果吃掉一大半。为此，很多人都说这个妈妈是个大馋猫，从孩子嘴巴里抢吃的，这个妈妈却不以为意，依然在每次孩子吃东西的时候，自己先咬上一大口。后来，孩子长大了，不管吃什么好吃的，都第一时间想到妈妈，有任何好东西，也都会主动和妈妈分享。毫无疑问，这个妈妈拥有一个人人都羡慕的孝顺孩子，可是人们不知道，孩子的孝顺是她亲自培养出来的，孩子爱父母的习惯也是她引导孩子顺利养成的。

当孩子表现出对父母的爱，父母一定要欣喜地接纳，而不要拒绝。即使孩子没有主动爱父母的意识，父母也要引导孩子学会表达爱。爱，是一种能力，也是一种习惯。然而不管是作为能力还是习惯，爱都不是与生俱来的。

父母一定要培养孩子爱的能力，也要配合并且接纳孩子的爱，从而帮助孩子养成爱的好习惯。

第七章 没有规矩，不成方圆——规范孩子的人生

虽然孩子需要爱与自由的环境，但是孩子更需要规矩。正所谓没有规矩，不成方圆，也许有些父母会感到困惑，到底是给孩子自由，还是给孩子规矩？有这种疑问的父母不妨自问：我需要守规矩吗？我拥有自由吗？答案就会马上揭晓，一切的自由都是在规矩范围内的自由，而这个世界上根本没有绝对的自由；也只有接受规矩的约束，孩子才能拥有自由成长的天空。

1. 孩子，是最不该被原谅的

　　五岁的西西最近犯了一个错误，已经是幼儿园中班小朋友的她，居然咬了小朋友的脸颊一口，疼得这个小朋友哇哇大哭，但是西西却像个没事人一样。而最为重要的是，西西并不是无意间咬了小朋友，也不是像很多孩子一样为了表达喜欢才咬小朋友，她是因为与小朋友之间有矛盾，在和小朋友推搡的过程中情急之下咬了人家。为此，老师狠狠地批评了西西，西西却觉得很委屈，哭得稀里哗啦。

　　放学的时候，妈妈发现西西的眼睛通红通红的，因而向老师询问情况。老师简单地说明了情况，并且特意叮嘱妈妈回家之后一定要再给西西讲道理，严肃告诫西西以后不能咬小朋友。此外，老师还让妈妈给被咬小朋友的家长道歉，从而维持和谐友好的关系。不想，妈妈却轻描淡写地说："小孩子嘛，犯错误是难免的，这么点的孩子谁打了谁都有可能，也没必要大惊小怪。我会在微信里和小朋友妈妈道歉的，但是也请你们下次在孩子犯错的时候，不要这么严厉地批评她，这样会把孩子吓到的。"妈妈话音刚落，西西就拉着妈妈的手哭了起来，似乎在向老师验证她真的被吓到了。看着西西的样子，老师无话可说，只好叹了口气。

　　没过几天，西西又把另一个小朋友的手指给咬了，而且还咬破了。当即，老师就给西西妈妈打电话，让她来幼儿园处理问题，与被咬小朋友的家长见面，并且还要陪着被咬的小朋友去打狂犬疫苗。西西为何接二连三地咬人呢？这与妈妈几天前对她的咬人问题轻描淡写的处理方式有很大的关系，当西西觉得咬人没事，也没有被妈妈批评时，她自然有恃无恐，变本加厉了。

每当孩子犯了错误，很多父母的反应都和西西妈妈一样，觉得孩子还小，犯错误是正常的，哪怕不小心伤害了别人家的孩子也觉得不是故意的，所以理应被原谅。实际上，这种观点是完全错误的。

> 如果说成年人犯错之后还能进行自我反省，从而省察自己哪里做错了，那么孩子犯错之后则往往无法主动反省，而是会根据成年人的表现来判断错误的严重程度，也察言观色决定自己下一步的做法。

当父母的反应轻描淡写，而且没有让孩子为了自己的错误付出代价时，孩子就会感到非常轻松，也觉得自己的错误无关紧要。如此一来，孩子就会不知悔改，甚至会变本加厉，总有一天会酿成大祸，到那时父母就只能后悔了。

因此，对于孩子犯错，哪怕是再小的孩子，再小的错误，父母也要慎重对待。要知道，孩子的理解力和感受力是很强的，对于年幼的孩子，也许不能完全听懂父母的教诲，但是他们会通过感受父母的情绪，来意识到哪些事情是不能做的。对于有一定理解力的孩子而言，父母更要与他们积极地沟通，从而引导他们采取正确的做法解决问题。最不该做的就是忽视孩子的错误，袒护孩子，导致孩子对于自己的错误行为缺乏理性的认知，因而酝酿出更严重的错误发生。

孩子小不是犯错的理由，尤其不能犯孩子认知范围内的错误。父母也不要因为孩子小就推卸教育的责任，或者故意偏袒孩子。唯有积极主动地教育孩子，以孩子能够理解的方式向孩子传递正确的思想，教会孩子正面

二 解决问题,才是妥当的处理方法。

2. 遵守规矩,给孩子树立正确的榜样

自从发生西西第二次咬人事件后,妈妈就意识到教育孩子的重要性了,再也不因为西西年纪小,就肆意放纵她了。之后,在妈妈用心的引导和教育下,西西再也没有发生过咬人的行为,而且,她在这几次和妈妈出门的时候,还学会了遵守规矩。

一天,妈妈带着西西去游乐场玩耍,西西最喜欢玩碰碰车,因而坐完一次之后还要坐。这时,坐碰碰车的人多了起来,西西就蹭到队伍前面想要插队,妈妈把西西带到队伍的尾巴处,语重心长地对西西说:"西西,人少的时候不用排队,现在人多了,你就要排队才能玩。你看看,咱们前面的人已经等了很久,连一次碰碰车都没有坐,而我们刚才已经坐过一遍了,所以我们是不是要排在他们后面,等到他们都坐完了,咱们再坐呢?"西西当然不愿意,她只想第一时间就坐到碰碰车,玩个高兴。看到西西嘟着小嘴又往前蹭,妈妈只好再次把西西提溜回来,满脸严肃地对西西说:"西西,只有排队的小朋友才能玩碰碰车,这是规矩。如果小朋友不排队,就会被前面的工作人员取消资格,那就不能玩碰碰车了,知道吗?"说完,妈妈还指了指入口处的工作人员给西西看,西西果然担心自己被取消玩碰碰车的资格,再也不敢去前面插队了。良久,她问妈妈:"妈妈,什么是规矩?"妈妈耐心地告诉西西:"规矩,就是每个人都要遵守的规定,是一种法则,例如咱们家规定洗手之后才能吃饭,就是家里的规矩。而游乐场

规定必须排队才能玩碰碰车，也是规矩。"西西似懂非懂："是不是每一个来游乐场的人都要遵守规矩？"妈妈点点头，西西脸上的表情这才由阴转晴，她再也不插队了，而是乖乖地站在后面排队。尤其是看到有几个小朋友主动排到她的身后时，她还情不自禁地夸赞起小朋友："小朋友，真懂规矩！"

规矩，就是每个人都要遵守的规定。作为社会的一员，每个人都要遵守规矩，否则就会扰乱社会秩序，也会使人际关系恶化。在生活中，不同的情境下，不同的场合中，也都有需要人们遵守的规矩。即使是在家庭中，也有规矩存在，例如晚上必须洗漱之后才能休息，每天都要换洗袜子和短裤，每天早晚都要刷牙等。这些规矩让家庭成员在共同的秩序下有规律地健康生活，因而能够保持家庭环境氛围的良好。

孩子虽然小，也要遵守家庭规矩，一旦走入社会，参与社会环境，还要遵守社会上的规矩。父母不要觉得孩子小就可以不守规矩，否则当孩子小时候一次两次不守规矩之后，等到孩子长大了，他依然不会遵守规矩。很多好习惯都是需要从小养成的，守规矩也同样如此。当父母用心、耐心地向孩子解释规矩后，孩子渐渐地就会明白规矩的含义，也会成为遵守公德的小朋友。

前文说过，孩子是父母的一面镜子，因而当父母希望孩子成长为守规矩的孩子时，父母本身也要守规矩，这样才能给孩子树立好的榜样。很多父母本身就是不守规矩的人，那么又怎么能做到让自己的孩子也守规矩呢？所以，要孩子守规矩，父母首先要做出表率。例如，前几年，一家野生动物园发生了老虎咬死人的事件，就是因为当事人不守规矩，在驾车通过老虎区时擅自下车，结果被老虎扑倒，咬死。试想，如果当事人能够多一些规矩的意识，不做出这种违反规矩的事情，又怎么会出现这样恶劣的结果呢？因而在守规矩方面，父母要做到身体力行，时时处处遵守规矩，这样才能给孩子树立正面的榜样。

3．树立规矩，越早越好

皮皮三岁半了，是幼儿园小班的新生。在幼儿园一个月的生活和学习中，皮皮表现出严重的缺乏规矩意识，也没有遵守规矩的习惯。这让老师很头疼，例如中午午休时，其他同学都已经躺在床上睡着了，皮皮却只穿着内衣内裤就下床跑来跑去，或者站在床上蹦蹦跳跳，不但自己有可能着凉，而且也影响了其他同学的睡眠。老师几次三番说皮皮，皮皮都不听，根本不把老师的话放在心上。无奈之下，老师只好拍下视频发给皮皮妈妈，让皮皮妈妈好好管束皮皮。皮皮妈妈也很无奈，因为皮皮从小就被惯坏了，总是无视规矩，肆意妄为。看到别人家的孩子都乖巧可爱，讨人喜欢，妈妈也很羡慕。

下午放学，妈妈去学校接皮皮，接二连三向老师道歉，并且不停地说："孩子还太小，不懂规矩，给你们添麻烦了。"这时，老师一本正经地对皮皮妈妈说："皮皮妈妈，如果你说你家孩子小，不懂得规矩，那么我问你，皮皮的生日在十一月份，在班级里比那些次年八月份出生的孩子大十个月呢，根本就不小了。为什么那些比他小的孩子都懂规矩，皮皮却不懂呢？所以这根本不是孩子小的问题，而是你们压根就没为孩子灌输守规矩的意识。只有你们作为家长端正态度，有意识地给孩子树立守规矩的思想，孩子才能形成规矩意识，也才能遵守规矩。希望您认真考虑我的话，尽快想办法解决问题，就是不要说孩子因为小才不懂规矩，好吗？"妈妈被老师说得满脸羞愧，赶紧点头答应。

上述事例中，老师说得很有道理，皮皮已经三岁半了，却没有规矩意识，也丝毫不把规矩放在眼里，这与皮皮在家庭教育中从未被灌输过规矩意识有很大关系。那些比皮皮小的孩子都形成了守规矩的意识，也会尽可能地遵守规矩，而皮皮却成为全班的捣蛋大王，这正是因为父母总觉得孩子小，不需要接受条条框框的约束，也或者觉得孩子根本无法守规矩导致的。实际上，树立规矩绝不需要等到什么时候，孩子的适应能力是很强的，就算几个月大的婴儿，如果父母有意识地培养他们遵守规矩的习惯，他们也会有粗浅的认知，甚至还会向着规矩靠拢。由此可见，**为孩子树立规矩宜早不宜迟**。

当父母总是误以为孩子还小，而不给孩子树立规矩，那么孩子就会变得没有规矩，也丝毫不懂得遵守规矩。尤其是父母当着孩子的面说出这个理由，察言观色的孩子就会以此为借口逃避遵守规矩。常言道，三岁看到老。如果孩子在小时候不能形成遵守规矩的好习惯，那么他们长大之后也会成为规矩的挑战者，导致人生遭受挫折。

因此，要想为孩子树立规矩，父母就要端正态度，坚决对孩子贯彻执行规矩，这样孩子才能知道哪些事情是可以做的，哪些事情是不能做的，也会知道哪些事情是必须要做的，由此形成守规矩的好习惯。

4．对不守规矩的孩子冷处理

一天中午午休时，皮皮又闹腾开了，他很兴奋，丝毫没有睡意，先是和身边的两位同学说话，接着又穿着内衣爬起来站在床上。老师接二连三批评甚至是呵斥皮皮，都没有任何作用，而且看皮皮的架势，越是被批评反而越是变本加厉。既然也找过皮皮妈妈了，而且皮皮妈妈也没有办法约束皮皮，老师只好开始自己想办法管教皮皮。

看着极度兴奋的皮皮，老师想出了一个好办法。老师把皮皮的床调到一个角落里，那个角落比较僻静，距离其他孩子的小床也相对较远。然后老师就守在皮皮身边午睡，不管皮皮怎么闹腾，都不看皮皮一眼，也不搭理皮皮。果不其然，半个小时之后，皮皮因为无聊居然睡着了。下午上课时，皮皮又在捣乱，扰乱课堂秩序，老师也不理皮皮。看到很多小朋友都和老师一起做游戏，皮皮也想和老师亲近，没想到老师却推开皮皮说："老师不喜欢和不听话的小朋友拥抱。"皮皮觉得很无聊，又不想继续这样被冷落，因而变得乖巧多了。老师马上带着皮皮做游戏，作为对皮皮的奖励，此后当老师再提醒皮皮要安静时，皮皮就变得很配合了。

很多孩子之所以不守规矩，故意捣乱，是因为没有守规矩的意识，事例中的皮皮就属于这样的情况。在这种情况下，老师如果能够减少对皮皮的关注，让皮皮独自恢复平静，则皮皮就会渐渐地有所收敛和好转。

还有些孩子之所以捣乱，是因为想要得到关注。对于这样的孩子，只有给予他们更多的关注，才能让他们恢复平静的情绪，保持冷静。在这种情况下，父母一定要避免强制要求孩子安静，而是要洞察孩子爱闹腾背后的原因，才能有的放矢地改善孩子不守规矩的情况。

> 从某个角度而言，孩子与父母之间就像是一场博弈，时常需要用到心理战术。然而，需要注意的是，所谓的冷处理与冷暴力是截然不同的。冷暴力是用冷淡孩子的方式来惩罚孩子，而冷处理则是给予孩子时间，让孩子恢复情绪，保持冷静，从而才能有更好的表现，也更遵守规矩。

当然，孩子养成遵守规矩的习惯并非一朝一夕就能实现的，作为父母，首先要有规矩意识，其次要在现实生活中从细节方面引导孩子形成规矩意识，最后还要竭尽所能督促孩子真正遵守规矩，唯有做到这"三部曲"，孩子才能更好地遵守规矩。

需要注意的是，冷暴力对孩子的心灵会造成严重的伤害，甚至使孩子失去安全感，感到战战兢兢。在《爸爸去哪儿》中，郭涛的儿子每当爸爸不理睬他时，就会觉得爸爸不爱他了，由此可见成年人眼中的暂时冷落，在孩子稚嫩的心灵中就是抛弃和伤害。因而父母在使用冷处理的方式对待孩子时，一定要把握合适的度，不要让孩子觉得自己是被孤立和遗弃的，而只是给孩子时间发泄情绪，恢复冷静。只有当孩子恢复冷静和理智，父母再和孩子讲道理才能水到渠成，取得好的效果，这时孩子也更容易理解和接受规矩，从而更好地配合父母。

5. 和善坚定，不破坏规矩

自从豆包上了小学一年级，妈妈就为豆包制定了规矩，即每天晚上八点半洗漱，九点准时上床睡觉。一开始，豆包当然是抗拒的，因为他此前每天晚上都玩到十点钟才意犹未尽地去休息，现在一下子提前了一个多小时，不但会影响他的娱乐，还会让他感到不适。然而，妈妈每天晚上依然会早早催促豆包，如果豆包到了特定的时间段没有做该做的事情，妈妈当然有办法惩罚他：以妈妈的不遵守约定惩罚豆包的不遵守约定，这样一来，诸如去看电影，去游乐场等活动，都会被相继取消。如此一来，豆包权衡一下利弊得失，也只得选择遵守规矩了。

周三的晚上，妈妈的闺密乔阿姨带着女儿思思来家里做客。思思只比豆包小一岁，因而与豆包玩得不亦乐乎。妈妈看到两个孩子玩得那么好，也乐得清闲，就和乔阿姨开心地聊起天来。不知不觉间，就已经到晚上八点半了，豆包看到时间了，就赶紧飞奔过来提醒妈妈："妈妈，快放水，我要洗澡了。"乔阿姨看到豆包紧张的样子还以为怎么着了呢，得知原委后不由得笑起来，对妈妈说："你把孩子控制得也太死了吧，让他们多玩一会儿吧。"听到乔阿姨的话，豆包就像抓住了救命稻草，赶紧说："是啊，妈妈，要不就让我和思思多玩一会儿吧，但是不许取消我去游乐场的活动啊！"妈妈看了看乔阿姨，又看了看豆包期待的眼神，想了一下，还是坚定温和地说："不行，你明天还要上学，必须遵守规矩。"说完，妈妈还和乔阿姨解释了一下，约定等到周末的时候再来家里玩，乔阿姨也便理解了，就带着思思告辞了。自从这件事情之后，豆包认识到妈妈会坚定不移地遵守规矩，就再也没有企图破坏规矩的想法和行为了。

上述事例中，如果妈妈不是如此坚定温和地遵守规矩，那么以后豆包就会找出各种各样的理由向妈妈申请破坏规矩。幸好妈妈知道遵守规矩必须有决心、有毅力，更要有持续性，因而才不管遇到什么看似特殊的情况都坚持按照规矩来，避免了规矩被破坏的事情发生。而豆包面对坚定不移执行规矩的妈妈，也就无话可说，只能一切都按照规矩办。

> 很多父母在为孩子制定规矩之后，总会因为各种各样的原因，随随便便就带头破坏了规矩。看起来，他们只是偶然破坏规矩，但无形中却破坏了规矩在孩子心中的神圣感，也导致孩子因为父母带头破坏规矩，而丝毫不把规矩放在眼里。

这样一来，可想而知，遵守规矩就变成了一句空话，也会给很多年幼的孩子对于规矩的理解带来困惑。

每一位父母都知道，为孩子制定规矩要费尽心思，教育孩子遵守规矩更是需要付出很多心力。如果因为突发或者偶然情况就放弃遵守规矩，无疑是得不偿失的。在费心费力树立规矩之后，父母必须要更加用心地保持规矩的一致性，千万不要因为诸如来客人了、心情不好、有突发事件等而带头破坏规矩。三四岁的孩子也正处于建立秩序的敏感期，因而父母更要抓住这个时间段帮助孩子梳理思维，养成好习惯，当孩子排斥规矩、不愿意遵守规矩时，父母更要和善坚定地引导孩子遵守规矩，这才是对孩子认真负责的教养态度。

6. 父母要成为同一个战壕的"战友"

因为爸爸妈妈都忙于工作，豆包平日里主要由奶奶负责接送。虽然奶奶的到来对整个家庭都起到了很重要的作用，例如奶奶除了接送豆包，还要给爸爸妈妈做饭，帮助家里打扫卫生等，可谓是家中的大功臣，但是矛盾也随之而来。原来，奶奶实在是太溺爱豆包了，总是对豆包言听计从，导致爸爸妈妈费尽心思为豆包制定的规矩、帮助豆包养成的好习惯，全都"报废"了。看着如同散兵游勇一样的豆包，妈妈很担心，因而决定马上和爸爸一起召开小范围的"高层领导人"会议，统一战线。

妈妈之所以要与爸爸统一战线，是因为自从奶奶来了之后，妈妈因为教育豆包的问题，已经和奶奶之间发生了好几次冲突，而豆包面对溺爱自己的奶奶，当然是坚定不移地站在奶奶那边，这样妈妈就显得势单力薄了。为此，妈妈决定联合爸爸的力量。果然，开会的效果非常明显。这一天，豆包又叫嚷着要吃肯德基，奶奶正准备带着豆包去吃，妈妈说："妈，肯德基是垃圾食品，不要给豆包吃了，咱们在家包饺子吃吧！"豆包一听这话马上使出撒手锏，哭着喊道："我就要吃肯德基，我不吃饺子，不吃！"奶奶看到孙子哭了，赶紧妥协："豆包别哭，奶奶带你去吃哦！"妈妈坚定地说："不许吃，就吃饺子，一个小时之后开饭。"这时，奶奶的脸色很难看，爸爸赶紧出来打圆场："妈，你看豆包小小年纪就这么胖，那肯德基都是油炸的，再吃出个脂肪肝来，那可麻烦大了。现在，小孩子也有脂肪肝，而且还会影响肝功能呢！"听到爸爸也发话了，而且说得这么吓人，奶奶只好改变主意，对豆包说："豆包，吃肯德基对身体不好，你还想吃什么？奶奶给你做。而且饺子也好吃呢，咱们包你最爱吃的胡萝卜羊肉饺子，好吗？"豆包看到全家人都统一战线，也无计可施，只好同意了。

有老人的家庭里，年轻的父母上班之余无须操心带养孩子的问题，因而是比较轻松的。但是凡事有利就有弊，老人在为带孩子做出巨大贡献的同时，难免居功自傲，也会觉得自己在教育孩子方面有了发言权。因而在有老人带孩子的家庭里，因为对孩子的教育问题爆发的矛盾是很常见的，也是最影响家庭和谐的。其实明智的老人会知道，教育孩子还是应该交给孩子的父母，自己已经老了，各种观念都落后了，只需要力所能及地为家里出一份力就好。尤其需要注意的是，孩子很会察言观色，一旦发现祖辈是偏袒自己的，他们就会变本加厉。所以哪怕作为祖辈真的很疼爱孩子，也不能在父母教育孩子的时候偏袒孩子，否则就会被孩子钻了空子，会导致教育孩子变得更艰难。

在我国，隔代亲的现象非常普遍，很多老人年轻的时候能做到对子女从严要求，但是一旦看到孙子马上就缴械投降，放弃一切原则，根本不能做到对孙子严格管理。然而，孩子小的时候，管教是非常重要的，又因为孩子正处于性格养成的关键时期，所以父母不管再怎么忙于工作，也不能疏忽对孩子的教育。

爱与溺爱，完全是本质不同的两种东西。作为孩子的监管人，不管是父母也好，祖辈也罢，都要区分爱与溺爱。尤其是在为孩子制定规矩时，全家人更要统一战线，不要因为一时心疼孩子就破坏规矩，否则隔代亲最终不是爱孩子，而是害了孩子，相信这是谁都不想看到的结果。

7. 奖励与惩罚并不矛盾

在排除隔代亲的阻力对豆包进行了一段时间的严格管理之后，爸爸妈妈发现豆包整天蔫头耷脑的。的确，对于习惯于接受祖辈的宠爱，而又不得不被父母严格管制的豆包而言，这样的改变的确很难接受。爸爸妈妈意识到这个问题后，也心疼豆包沮丧的样子，决定采取奖励与惩罚并举的方式教育豆包，这样才能张弛有度，让教育富有节奏感。

豆包最喜欢吃肯德基，为了激励豆包每天晚上按时洗漱睡觉，妈妈规定如果一周之内都按时洗漱睡觉，那么在周末的任意一天，可以选择吃肯德基。为了改善豆包早晨起床赖床的坏习惯，妈妈还规定，如果豆包连续一周每天早晨都能按时起床，而且起床之后不拖延，快速地洗漱吃饭，那么周末吃完肯德基还可以去一次"乡居楼"玩耍。诸如此类的规定还有很多，都是关于奖励和惩罚的。在和豆包解释清楚各项规定之后，妈妈也毫不含糊地兑现了承诺，果然，豆包的表现越来越好。他从被动地遵守规矩，渐渐变成了主动遵守规矩，因而自律能力也越来越强。看着豆包的转变，妈妈高兴极了，觉得自己的奖励与惩罚并举法，真的是效果显著啊！

孩子年纪小，自律力差，因而在遵守规矩方面，他们往往难以做到积极主动。但是孩子也有自己的特点，那就是他们喜欢玩，喜欢吃好吃的，玩好玩的，因此，吃喝玩乐在他们眼中是非常重要的大事情。此外，还有些孩子喜欢看书，或者喜欢玩玩具，父母都可以抓住孩子的兴趣爱好，与孩子达成约定，制定奖励与惩罚的措施，这样孩子才能既有机会受到惩罚，也有机会得到奖励，从而在这样张弛有度的奖励与惩罚制度的激励与鞭策下，做到更好。

如果只有惩罚，那么孩子稚嫩的心灵必然无法承受，他们会因为接二连三遭受打击，选择彻底放弃努力。如果只有奖励，那么所谓的赏识教育又会让孩子盲目骄傲，自高自大，显然这也是不利于孩子进步和发展的。孩子的教育，可以说是最复杂也最需要用心的，作为父母，必须了解孩子的身心发育特点，然后有的放矢地以适宜的教育方法和教育力度，激励孩子不断进步。

记住，任何惩罚的目的并非是惩罚孩子，而是让孩子学会守规矩。任何奖励的目的也不是以物质换取孩子的顺从，而是让孩子意识到遵守规矩能够带来的好处。尽管惩罚与奖励都是与物质有关的，但明智的父母一定知道，不能让孩子把自身的所有努力都与物质挂钩，因为归根结底物质只是手段，而不是最终的目的。

在成年人的游戏规则中，有恩威并施这一条，实际上对孩子的奖励与惩罚就是把恩威并施物质化了，也让孩子能对此有更敏感的感受，从而起到更好的激励与约束作用。当孩子渐渐习惯了遵守规矩，也形成了规矩意识，那么物质奖励与惩罚是否存在就不重要了，无论有否都不会再对孩子的成长与发展起到关键性的作用。

第八章 激发孩子对阅读和学习的兴趣，让孩子心灵充实

爱阅读，是让孩子受益终身的好习惯，作为父母，一定要激发孩子对阅读的兴趣，培养孩子爱阅读、爱学习的好习惯。现代社会要求每个人都要终身学习，因而对于孩子而言，唯有让孩子的心灵充实，让孩子有能力通过不断学习提升和完善自我，孩子才能拥有立足社会的资本和能力。如今的社会越来越浮躁，很多人在社会的飞速发展中都会迷失自我，因而对于孩子的教育而言，一味地关注孩子的学习成绩是远远不够的。当孩子内心充实而自在时，他们才能坦然面对瞬息万变的人生。

1. 阅读，应从娃娃抓起

　　乐乐从小就很喜欢阅读，这得益于他的妈妈是一名小学语文老师，因而她会有意识地为乐乐买很多书籍，为乐乐营造一个随手都能拿到可看的书的家庭氛围。而且，妈妈还很喜欢读书，这也对乐乐耳濡目染，让乐乐更加喜欢阅读。

　　爱阅读，对乐乐的影响是很大的，从最初阅读绘本开始，乐乐渐渐地开始主动识字，等到五岁的时候，乐乐就可以独立看完日本著名作家黑柳彻子的代表作《窗边的小豆豆》了。妈妈很惊讶，她不知道乐乐到底认识多少字，因此就以小学生常用字表测试乐乐，结果发现乐乐居然认识1000多个汉字。从五岁开始，乐乐就开始独立阅读，再也不需要妈妈为他讲绘本了。自从识字之后，乐乐的阅读量越来越大，小小年纪每年都要看几十本书。小学三年级时，乐乐有段时间骨折，导致卧床小半年都不能上学，原本妈妈准备给乐乐休学，然而老师认为以乐乐的阅读量完全可以赶上，因此就选择了骨折复原之后继续上学。出乎妈妈的意料，乐乐伤好恢复上学之后，语文成绩丝毫没受到影响，反而在班级里名列前茅！

　　也因为喜欢阅读，乐乐的理解能力很强，在学习写作文的时候也很顺利。为此，妈妈非常庆幸乐乐拥有爱阅读的好习惯，也极力主张班级里的孩子们都要扩大阅读量，以增强阅读和理解能力。

爱阅读的孩子，生命从来不会贫瘠，他们只需要一盏灯、一本书，就能读好书，就能从书本中汲取力量。除了阅读，孩子们还要学会倾听，因为拥有全神贯注倾听他人讲述的能力，也是非常重要的。每当看到孩子在明亮的灯光下潜心读书，随着书中的情节时而欢笑、时而落寞，还有什么比这样的场景更让人感动的呢？看到这里，也许有些父母会抱怨：我家孩子就不喜欢读书！然而，父母们是否更应该扪心自问：我们喜欢读书吗？

父母对孩子潜移默化的影响是非常大的，如果父母只喜欢看电视，或者只喜欢在电脑上玩游戏，那么孩子必然也是如此；如果父母非常喜欢读书，也能以身作则地在家里开辟阅读的亲子时光，哪怕不给孩子读书，而只是一家人坐在一起阅读各种书，那么孩子也能静下心来感受书香。总而言之，父母是孩子最好的榜样和模仿对象，父母对孩子的耳濡目染，远远比对孩子进行盲目和空洞的说教更好。此外，安静的亲子阅读时光，也能为亲子之间找到更好的话题，进行深入的交流和讨论，甚至引起心灵的共鸣。因而，如果想让孩子养成爱阅读的好习惯，父母一定要改变依赖电子产品的坏习惯，多读书，从而给孩子更好的发展和未来。

很多父母拼尽全力为孩子创造更好的成长环境和生存条件，给予孩子优渥的物质基础和优越的成长条件，却不知道对于孩子而言，最宝贵的财富不是金钱和物质，而是拥有一位愿意陪伴孩子读书、和孩子在书籍的海洋中畅游的父母。只有这样的父母才能给予孩子充实自由的心灵，也才能让孩子在人生的道路上走得更稳健，更勇往直前。

2. 书香世家，为孩子营造阅读氛围

作为乐乐的同桌，瑞瑞的阅读习惯就差得多了。每次开家长会，瑞瑞妈妈听到语文老师慷慨地赞美乐乐，总是特别羡慕。有一次家长会结束后，瑞瑞妈妈忍不住向乐乐妈妈求教："乐乐妈妈，乐乐这么爱阅读，你们到底是怎么做到的呢？"乐乐妈妈当然愿意分享培养孩子阅读好习惯的经验，因而当即就非常耐心详细地给瑞瑞妈妈讲起来。瑞瑞妈妈认真倾听，有时候还会在手机上记下重要的注意事项。最终，瑞瑞妈妈感慨万千："乐乐妈妈，真是太感谢了，听君一席话，胜读十年书，我觉得针对我家的情况，当务之急就是为孩子营造良好的阅读氛围，对吧？"乐乐妈妈点点头："对，因为孩子很容易受到环境的影响。"瑞瑞妈妈羞愧地说："以前我总是抱怨孩子不爱读书，现在看来，乐乐爱读书是因为你们是书香世家，而我们家环境很差，我和瑞瑞爸爸文化程度都不高，也不爱看书，难怪孩子对看书提不起兴致来呢！"

乐乐妈妈谦虚地说："我们也不是书香世家，要知道，'书香世家'这四个字说起来轻飘飘的，而要想真正成为书香世家，至少要付出几代人的努力呢！咱们都要努力，为孩子营造良好的阅读氛围，更要以身示范带头读书，这样孩子才会渐渐爱上读书。其实读书不仅为了孩子，咱们自己也要学习才能进步啊！"瑞瑞妈妈听了连连点头，立马就在网上购买了很多乐乐妈妈推荐的书目。

孩子如果从小爱读书，那么长大之后往往也爱读书；而如果孩子从小就不爱读书，那么长大之后要想培养孩子爱读书的好习惯，就会难上加难。作为父母，要想熏陶孩子养成爱读书的好习惯，一味地说教显然是不可行的，唯有以身示范，先从为孩子读故事开始，到和孩子一起度过读书的亲子时光，对于孩子一定会起到积极的影响作用。

如今，很多年轻的父母都是低头族，别说陪着孩子读书了，就连陪着孩子游戏、玩耍都不愿意。他们总是低着头，把眼睛紧紧地锁定在手机上，却不知道手机阻隔了他们与外部世界的联系，也切断了他们与孩子之间的纽带。当孩子总是看到父母沉迷于手机，他们又怎能安安静静地读书呢？而父母自然也不会针对书本上的问题，与孩子展开积极的互动和深入的亲子交流。

> 作为父母，要想让孩子养成良好的阅读习惯，也能够坚持阅读，一定要在家庭生活中营造阅读氛围。当父母能够把用于看手机或者玩电子游戏的时间都节省出来，用于给孩子讲故事，陪伴孩子读书，那么孩子在感受到阅读的趣味之后，就会更加喜欢阅读，也会真正爱上阅读。

营造阅读氛围，除了多给孩子讲故事、父母多读书之外，还有很多好方法。例如，如果孩子已经上幼儿园，那么可以邀请同学来家里一起举办活动，还可以组织孩子们进行阅读竞赛，或者讲故事比赛等。如果孩子已经上小学了，那么在邀请同学举行读书会时，还可以给予孩子适当的奖励，从而激发孩子热爱阅读的兴趣。总而言之，在家庭中，读书应该是整个家庭的行为；在社会中，读书应该是全民行为。作为父母，首先要端正对于读书学习的态度，才能给孩子树立好的榜样，成功激励孩子爱上读书。

3．亲子互动，让孩子远离电子产品

茜茜三岁半了，马上就要读幼儿园小班，已经报名了，因此妈妈带着茜茜去进行入园前体检。在此前的所有项目中，茜茜身体健康，生长发育情况也很好。但是在检查视力这个环节，茜茜却被告知要去做进一步的检查。妈妈很紧张，问医生茜茜的眼睛是否有异常情况，医生说："怀疑是近视，需要做进一步的检查确诊。"

听说茜茜才三岁半就已经近视了，妈妈很难过：茜茜的眼睛很漂亮，如果戴眼睛，眼睛就会变形，就会影响美观，而且戴眼镜还有很多不方便的地方，妈妈戴眼镜，所以很知道其中的不便。妈妈提心吊胆地带着茜茜做进一步的检查，没想到，到了监察室门口，很多父母都在带着孩子排队。妈妈惊讶地问其他孩子的情况，这才发现孩子们都被怀疑是近视。有一位妈妈说："现在的孩子每天都在和电子产品打交道，不近视才怪呢！哪里像我们小时候，天天都在外面跑来跑去地玩耍，自然就休息了眼睛。而且电子产品辐射很严重，让孩子始终处于视觉疲劳的状态下。但是，如果坚决禁止孩子们玩，似乎也不太现实，孩子始终是太喜欢电子产品了。"茜茜妈妈这才恍然大悟，原来茜茜每天都玩一两个小时的手机游戏，或者用手机看动画片，除此之外就是看电视上的动画片，不近视才怪呢！检查之后，医生判定茜茜还没有真正近视，而是有近视的趋势，妈妈当即决定以后要多带着茜茜去户外玩耍，尽量帮助茜茜恢复视力。

如今，电子产品泛滥，成年人几乎每时每刻都在拿着手机看，甚至走路、吃饭、晚上洗漱干净之后都要躺在床上看手机，孩子怎能不受到影响呢？因此也对形形色色的电子产品兴趣倍增！当父母每个人都捧着一个手机看，都不愿意被孩子打扰，更不想陪伴孩子玩耍，那么孩子也只能看电子产品，以缓解自己的寂寞。实际上，孩子的天性就是爱玩，如果孩子有父母陪伴着做一些有趣好玩的游戏，他们当然更乐于玩现实中的游戏，也更喜欢和父母互动。由此可见，很多孩子之所以迷恋电子产品，很大一部分原因是父母迷恋电子产品的结果。

电子产品的危害之一就是损伤人的视力，导致很多孩子才上幼儿园，视力就遭受不可逆的损伤，从此只能戴上眼镜看世界。实际上，孩子的视力一旦变差，就会陷入恶性循环。原本，户外运动、远眺等方式是恢复视疲劳的好办法，但是很多孩子却因为戴眼镜，而导致运动受限，不敢进行运动，由此使得视力越来越差。此外，电子产品对于孩子的身心健康和感情发展也有很大的害处。可想而知，当家庭里的每个成员都只顾着玩电子产品，彼此之间必然缺乏交流，感情也会越来越淡漠。众所周知，孩子在成长过程中需要感情的滋养，也需要心灵的养分。而在亲子游戏和亲子互动中，孩子不但能和父母一起快乐地玩耍，还可以随时随地和父母一起进行亲密互动，这样一来，亲子关系必然更好，亲子之间的感情也会更加深厚。

不管时代怎么发展，也不管电子产品更新换代的速度多么快，它都无法替代父母对孩子的陪伴。 作为父母，不管工作多么忙，也不管是否需要与电子产品亲密互动，每当回到家里，都要及时地放下手机，关上笔记本电脑，从而以自己生动的表情、深厚的感情和充足的耐心，给予孩子更好的陪伴和照顾。也许父母今日多陪伴孩子做几次游戏，未来孩子的成长就会更顺利几分。父母必须记住，孩子的成长是需要父母投入的，甘于为孩子付出的父母，才能在孩子成长的过程中起到积极的推动和促进作用，也才能真正地为孩子的成长创造良好的条件。

4．兴趣，是最好的老师

　　上了幼儿园半个月之后，妈妈就面临着为茜茜报兴趣班的问题。幼儿园里提供了多种多样的兴趣班，妈妈不确定该为茜茜报名参加哪个兴趣班，因而咨询茜茜的意见。茜茜刚刚听到妈妈说跳舞、画画，就兴奋地喊道："我喜欢跳舞，我也喜欢画画。"然而，妈妈经过一番考虑，又觉得应该给茜茜报名参加蒙氏数学，从而培养茜茜的数学思维。妈妈觉得画画和舞蹈，都是纯粹的兴趣，对学习没有多大好处，为此决定给茜茜报名蒙氏数学。

　　学习了四五次课程之后，妈妈发现茜茜根本不喜欢蒙氏数学，而且老师也总是向妈妈反馈茜茜课堂上表现很差。妈妈不由得懊悔当初没有尊重茜茜的意见。到了第二学期，妈妈完全按照茜茜的意见，给茜茜报名参加了舞蹈和绘画。果不其然，茜茜对于兴趣班很感兴趣，而且特别满意。每次妈妈接她放学时，她不是兴奋地告诉妈妈自己又学会画什么了，就是把自己新学的舞蹈跳给妈妈看。尤其是对于舞蹈，茜茜非常感兴趣，一个学期下来，舞就跳得有模有样了。妈妈看到茜茜这么喜欢舞蹈，也很高兴，毕竟女儿的进步就是她最大的心愿。

　　后来，茜茜一个同学的妈妈也面临着同样的困惑，说："我给孩子报名参加英语班，但是感觉孩子连个A、B、C都没有学会啊。每天回家，什么也不说，问她想不想继续学英语，就摇头。我真不知道到底该给她报什么兴趣班。"这时，茜茜妈妈问："你问过孩子对什么感兴趣吗？我觉得你和我以前犯了同样的错误，总觉得英语、数学将来都是能派上用场的。其实对于这么大的孩子而言，让他们感受到学习的乐趣，爱上学习，才是最重要的。所以一定要以孩子的兴趣为首要指导原则，而不要对孩子的教育急功近利。很多知识性的东西都是可以补的，而孩子对于学习的积极热情与真心喜爱，这才是求之不得的。"听了茜茜妈妈的话，同学妈妈茅塞顿开，也当即表示要尊重孩子的兴趣。

如今，很多父母都把报兴趣班变成了比拼孩子的第二战场，这和"兴趣"二字已经相去甚远了，对孩子来说，也是苦不堪言。现在，很多父母已不觉得兴趣班应该以孩子的兴趣为主，而是把兴趣班等同于课外辅导班，总是希望孩子通过多上课外班而学到更多的知识。殊不知，兴趣班的初衷就是培养孩子的兴趣，也以兴趣激发出孩子们的学习能力。如果孩子们对于兴趣班丝毫不感兴趣，而且排斥，那么他们当然不可能有好的表现和成就。

常言道，兴趣是最好的老师，不仅对于成年人而言是这样，对于孩子也同样如此。 每个父母唯有更好地培养孩子的兴趣，才能真正激发出孩子的兴趣，让孩子知道自己真正感兴趣和擅长的是什么，孩子们才会更加积极主动地发挥特长。

当然，如果孩子年纪比较小，他们就不能清楚地知道自己的兴趣所在。这种情况下，父母要多观察孩子，从而细心了解孩子的表现，也能知道孩子感兴趣的点在哪里。记住，一定不要违背孩子的兴趣去选择，因为当孩子有兴趣时,他们在学习上就能事半功倍;而当他们缺乏兴趣时,则往往会事倍功半。所以要想让孩子出类拔萃,父母必须从了解孩子兴趣、培养孩子兴趣入手。

5. 让孩子在大自然中自由成长

　　看到茜茜在幼儿园的绘画班里画得很好,眼看着暑假就要到来,妈妈决定给茜茜报名参加更专业的绘画班。然而,才上了几次课,茜茜的手指就意外受伤了,无法继续拿着画笔画画了。原本,妈妈想让茜茜到了上课的日子继续去上课,哪怕不能亲自画画,听老师讲一讲或者观摩同学们画画也是好的。然而,爸爸正好也请了年假,因而决定带着茜茜去农村奶奶家生活一段时间。妈妈原本表示反对,但是拗不过爸爸坚持,也就只好同意了。

　　奶奶家所处的农村很偏僻,到了奶奶家,爸爸连手机信号都不稳定了,而且奶奶家里也没有安装有线电视。原本,茜茜很担心自己每天都会很无聊,但不到一天,她就和奶奶家附近的孩子们打成了一片,玩得不亦乐乎。每天清晨,她们早早起床去野地里摘花、收集露水;到了中午,她们还会去树荫下乘凉,用竹竿和面团粘知了。每当下雨的日子,那些原本干涸的小溪里就会有水流,还有不知道从哪里游来的小鱼呢!茜茜此前从未见过青蛙,一直以为癞蛤蟆就是青蛙,因而当真正看到浑身穿着翠绿衣裳的青蛙时,茜茜觉得新奇极了。茜茜最喜欢做的事情就是和小伙伴一起在小溪里抓鱼、抓小虾,还可以在冰凉的溪水中洗脚!才几天过去,茜茜就完全把电视、手机等以前每天都必不可少的电子产品抛诸脑后了，她被晒得黝黑，但是身体却越来越强壮，就连原本需要一个月才能痊愈的手指，如今也只花了半个月的时间就基本痊愈了。

快乐的日子总是过得飞快，二十天过去，爸爸的年假结束，茜茜必须和爸爸一起回家了。她恋恋不舍，央求爸爸明年暑假必须再陪自己回奶奶家，爸爸答应之后，她才同意离开。回到家里，妈妈原本担心茜茜20天没有画画，一定会比其他同学落后很多，不想，茜茜恢复正常上课之后，老师都被茜茜的进步惊讶了。茜茜原本画东西就很像，但是却缺乏灵性，如今，茜茜笔下的花鸟鱼虫似乎都活了，惟妙惟肖，栩栩如生。得知茜茜去了农村，老师感慨地说："大自然才是人类最好的老师，我们以前在美院的时候也经常去郊外写生，每次去写生都觉得进步神速，就是这个道理。"

上述事例中，在与大自然亲近的过程中，茜茜找到了灵感，也在绘画方面有了很大的进步。看起来，这是有心栽花花不开，无心插柳柳成荫，实际上，这一切都是大自然的赐予。日常生活中，很多成年人如果觉得内心郁闷，压力山大，也都会想到去郊外走一走，这是因为大自然能让人心胸开阔，也能让人有更好的发展和更出色的前景与未来。

> 大自然是人类的母亲，每个人要想健康成长，都离不开大自然母亲的哺乳。相比起已经接受规则的成年人，孩子的本性更加纯真自然，也更应该多多亲近大自然，才能汲取生命的养分，健康快乐地成长。

如今，很多父母把对孩子的教育禁锢在写字楼里的培训班中，却不知道对于孩子而言，大自然才是最好的老师，也最充满成长的养分。

如今，孩子在成长过程中总是问题频现，有的孩子过于瘦弱，有的孩子缺乏灵性和悟性，其实不管是身体方面的问题，还是心理和感情方面的问题，都可以在大自然中找到答案，得到治愈。很多城市里长大，始终住在高楼大厦，远离土地的孩子往往比较孱弱，一旦去到农村，尽管吃喝玩乐都没有那么精细，但是身体很快会变得强壮起来。还有些孩子面临各种各样的心理问题，甚至因学习压力巨大而不得不接受心理危机干预，但是等到农村的广袤天地里自由自在生活一段时间之后，他们就会觉得心情舒畅，内心的郁郁寡欢也都消失不见。总而言之，对于孩子而言，大自然是他们成长的最好场所，也是他们人生的最佳学校。

与其让孩子长时间禁锢在水泥方块中，不如让孩子亲近大自然，这是很多伟大的心理学家提出的真知灼见，也是他们对于现代很多父母的真心呼吁。现在的孩子看似吃得好、穿得好，接受最好的教育，实际上他们却被禁锢在钢筋水泥中不得解放。唯有让孩子亲近大自然，在春天里倾听种子发芽的声音，在夏天感受电闪雷鸣的震撼，在秋天收集金黄的落叶，在冬天感受冰天雪地的寒冷，孩子们才能真正感受到生命的律动，也才能彻底激发出自身对于生命的热情与激情。作为父母一定要牢记，让孩子在与大自然的亲近中生命之花才得以绽放，保持对生命的好奇与热情，远远比让孩子掌握更多的书本知识更重要。

6．物质奖励，一定要适度

对于皮特的学习状况，父母始终觉得不满意。在班级里，皮特的学习成绩处于中等偏下，而父母都觉得只要皮特更勤奋，愿意付出，还是可以考出更好的成绩的。但是偏偏皮特不愿意付出更多，每天只能勉强完成学校的作业，就会想方设法休闲娱乐，诸如玩电脑游戏、玩手机，或者看课外书等。

面对皮特的现状，妈妈觉得很发愁。尤其是当看到班级里其他孩子都在上各种各样的课外班，妈妈也想给皮特报名参加课外班。为了激发皮特的学习兴趣，让皮特拥有学习的动力，妈妈情急之下给皮特允诺："只要你认真学习，期中考试能前进三名，就奖励你买一个300元的玩具。"听到妈妈这么说，皮特瞬间来了精神："可以把玩具变成去游乐场玩一次吗？"看着皮特期待的眼神，妈妈同意了。果不其然，在接下来的考试中，皮特前进了4个名次。好不容易过了期中考试，眼看期末考试在即，妈妈又许诺皮特："如果能在期末考试前进3个名次，妈妈还会奖励给你一个价值500元的玩具。"听到更大的诱惑，皮特问："那么，可以给我买辆自行车吗？"听到皮特这么说，妈妈当然表示同意，因为原本妈妈也想给皮特买辆自行车的。就这样，皮特又顺利得到了自行车。

随着妈妈一次又一次的许诺，和皮特不负所望的考试成绩，皮特的胃口变得越来越大，妈妈但凡想让他在学习上有更好的表现或者哪怕是小小的进步，他都会提出更多更高的要求。最终，妈妈忍不住说："皮特，学习是为了你自己，不是为了爸爸妈妈，这样每次都向爸爸妈妈要礼物，不合适吧！"不想，皮特不以为然地说："我学习就是为了得到礼物，我们班里的同学，有很多比我更厉害，还要出国旅游呢，你就知足吧！"听到皮特这么说，妈妈觉得很无奈，却因为已经养成了给予皮特物质奖励的坏习惯，也不知道该怎么办了。

> 在孩子有所进步的时候，为了激发出孩子学习的兴致，让孩子再接再厉，给予孩子一定的物质奖励无可厚非。但是凡事皆有度，过犹则不及，如果一味地通过物质奖励的方式督促孩子学习，那么日久天长，孩子对于学习会越来越懈怠，甚至完全养成错误的观念，觉得学习就是为父母学的。

可想而知，这样的孩子在学习上不可能保证可持续发展的动力，也不可能有更大的进步。明智的父母一定要帮助孩子形成正确的学习观念，即学习是为了自己，而并非为了其他任何人。这样一来，孩子不管是否有物质奖励，都会积极主动地对待学习，也能养成良好的学习习惯，更不需要每时每刻都需要父母督促才能学得下去。

物质会使人养成依赖性，尤其是大多数孩子都无法随心所欲地满足自身的物质愿望时，一旦被他们钻了空子，意识到可以因为学习的情况与父母讨价还价，必然会由此而抓住父母的软肋，与父母讨价还价，得到物质奖励后才肯学习。这样会让父母接下来非常被动，更不利于孩子的学习。所以父母在想方设法激励孩子认真学习的同时，也注意不要肆意放纵孩子的物质欲望，更不要毫无节制地满足孩子的物质欲望，否则一定会适得其反。

此外，在适度给予孩子物质奖励时，父母也要注意奖励的方式。有些父母喜欢以金钱奖励孩子，却不知道当孩子养成大手大脚花钱的习惯时，就有可能会误入歧途。有些父母总是毫无原则地奖励孩子任何想要的东西，却不知道孩子的欲望也是无休止的，父母教育孩子的重要责任之一就是帮助孩子学会节制，学会控制自身的欲望。还有的父母给予孩子的奖励根本不适合孩子，也要多多留意哪些礼物对于孩子是必需的且能够产生积极的作用，这样奖励才会起到预期的效果。总而言之，对孩子的物质奖励一定要适度，不要让孩子陷入物质的深渊中无法自拔，以保证孩子可以在人生中收获幸福、快乐与满足。否则无限度地把孩子对于物质的需求扩大，慢慢孩子就会变得贪婪无度，甚至因此而丧失自控力。明智的父母一定不想看到这样的情形发生，会最大限度地改变现状，用精神奖励逐渐取代物质奖励，给予孩子更美好的未来！

7．保护孩子的好奇心和探索欲

闹闹真是人如其名，是个典型的闹腾型孩子。除了睡觉，他很难安安静静地待一段时间。他的手脚总是动个不停，从小就是如此，如今长大了，已经五岁的他更是把家里能拆掉的全都拆掉了。例如爸爸早晨还用得好好的刮胡刀，到了下班回家，却发现刮胡刀已经四分五裂，完全找不到必需的零部件都在哪里，因而爸爸第二天只好带着满脸胡茬去上班，而且还要在中午休息的时候去公司附近的商场里再为自己买一个刮胡刀。再如，妈妈刚刚买了一支口红，闹闹就把口红彻底毁坏，因为他想研究口红为何能一会儿出来，一会儿进去？一直以来，爸爸妈妈都在拼尽全力忍受着闹闹的"胡闹"，但是在闹闹把妈妈特意托人从国外带来的一大瓶香水都糟蹋了之后，妈妈终于忍无可忍，对着闹闹一通吼叫。

闹闹委屈极了，尤其是在听到妈妈歇斯底里地说"以后不许动爸爸妈妈的任何东西"之后，他受到惊吓的小眼神如同受伤的小鹿，让妈妈又不禁心疼起来。虽然后来闹闹的确变得老实多了，也不再随意拆卸爸爸妈妈的东西了，但是他整个人都蔫头耷脑的。妈妈很担心自己的歇斯底里是不

是吓到了闹闹，因而咨询儿童教育专家，想看看闹闹到底为什么这么喜欢拆卸东西，又如何能缓解这种症状呢？在听完妈妈的讲述之后，儿童教育专家马上就知道闹闹的情况到底是何种原因了。原来，孩子五岁前后，正处于好奇心和探索欲都很强的阶段，又因为五岁的孩子已经具备了一定的动手能力，因而他们更愿意亲自动手探索世界。而妈妈的一通严厉批评，恰恰让闹闹受到惊吓，好奇心和探索欲也受到损伤。教育专家当即建议妈妈为闹闹准备一套乐高玩具，这样就能满足闹闹喜欢拆卸东西的需求啦。

闹闹刚好五岁，好奇心强烈，而且探索欲也很强，也具备了一定的探索能力。众所周知，尚在襁褓期的婴儿也会有探索欲，只不过他们动手能力还很弱，所以要靠着用嘴巴四处啃咬来满足自己的探索欲，所以心理专家也把这个时期成为口欲期。随着孩子不断成长，渐渐具备了动手能力，一岁前后的孩子会用手拿着某个物体四处敲击，从而了解那个物体。等到孩子长到四五岁时，他的动手能力就变得越来越强，因而会喜欢拆卸东西，而这恰恰是孩子具有好奇心和探索欲的表现。

我们都知道，尤其是国外，很多成功人士的童年都是在天马行空和"肆意"毁坏家里东西的环境下长大的，相同的是，他们的这种在别人眼里的破坏行为，都被开明的父母小心翼翼地保护并发展了下去，长大后终获得事业的成功。因此，作为父母，不但不能呵斥孩子的这种强烈表现出来的好奇心和探索欲，还要小心地保护它们，很好地引导孩子发展这种好奇心和探索欲。如果害怕孩子拆坏家里贵重的东西，可以先把贵重的东西收藏好。此外，为了满足孩子拆东西和组装东西的需求，父母还可以为孩子买一些拼装玩具，诸如大的组合积木。对于大一些的孩子，为了增加难度，也可以买小的乐高积木等。让孩子的拆卸和组装欲望得到满足，他们自然不会再随意地拆坏家里的东西啦！

　　反之，如果父母不小心"掐灭"了孩子的好奇心和探索欲，那么孩子不但会像上述事例中的闹闹一样变得蔫头耷脑，以后再也不敢展开求索的行动。而且更重要的，这对于孩子的成长而言，是极大的损失。正如人们常说的，对孩子的教育是每个父母毕生都要从事的事业，唯有给予孩子更好的陪伴和引导，父母才能成为合格的父母，也才能在教育孩子的过程中有所成就和收获。

第八章　激发孩子对阅读和学习的兴趣，让孩子心灵充实

第九章

良好的人际关系，助力孩子迈出走向社会的第一步

每个人都是社会的一员，每个人都生活在社会关系的巨大网络中，孩子也不例外。从襁褓时期以家庭为生存和活动的主要环境，到走入幼儿园，孩子就相当于迈出了走向社会的第一步，从此之后他们要学会和家庭以外的人交往，也要学会和更多的人与事打交道，唯有建立和保持良好的人际关系，他们才算成功地走向了社会。

1. 该不该与陌生人说话

佳佳10个月了，是个很爱笑的小女孩，哪怕是陌生人抱她，她也咧开嘴巴对着陌生人笑个不停。很多人都夸赞佳佳不认生，妈妈也为此而骄傲。每当带着佳佳来到小区广场上玩耍时，妈妈经常会让陌生的邻居试着抱一抱佳佳。看着笑呵呵的佳佳，妈妈自然又得到很多称赞的话语和羡慕的眼神。但让妈妈万万没有想到的是，正是因为佳佳的不认生，才让佳佳险些遭到人贩子的拐卖，这让佳佳妈妈想想都觉得脊背发麻，非常后怕。事情经过是这样的：

一天，妈妈带着佳佳去超市买东西，把佳佳放在超市购物车的前面坐着。看到生鲜区有很多人正在买菜，妈妈也走过去凑热闹，想买点儿青菜。妈妈就把购物车放在身侧，等到她扭过头去挑选青菜时，还不到一分钟，再一回头，却发现佳佳不见了。妈妈瞬间觉得脑袋里一片空白，缓过神来之后，她第一时间是联系超市里的工作人员，又马上报了警，还通知了家人。超市工作人员反应速度也很快，马上封锁了超市，而且第一时间调看录像，这才发现有个中年妇女趁着佳佳妈妈挑选青菜的时机，抱走了佳佳。因为佳佳不哭也不闹，而且还对着陌生人微笑，所以妈妈根本没发现异常。等到大家齐心协力找到佳佳时，佳佳已经被人贩子换了衣服，而且剃光了头发。因为超市被封锁，人贩子才把佳佳放在厕所门口，独自逃之夭夭了。

通过上述事例，所有父母都要反思，孩子不认生真的好吗？如果佳佳在陌生人靠近或者被抱起时能够大声哭泣，那么身边的人一定会第一时间发现异常，也能及时保护她。在到一定月龄后，很多婴儿都是认生的，也有少部分婴儿不认生。对于不认生的婴儿，父母一定要万分小心，千万不要被坏人钻了空子。

每当看到"陌生人"这3个字，如今作为父母的很多人都会想到梅婷主演的那部经典电视剧——《不要和陌生人说话》。的确，社会上人心叵测，所谓"知人知面不知心"用到现代社会最合适不过，那么作为年幼的孩子，到底该不该与陌生人说话呢？在教育孩子时，很多父母都面临这样进退两难的境地，不知道是该教育孩子坚决不要和陌生人说话，还是该教育孩子世界是很美好的，还是好人多。又因为人心不古，很多父母自身也是很迷惘的。实际上，是否和陌生人说话，要根据当时的具体情况来进行选择和判断，也要根据所面对对象的不同做出不同的决定。正是这样的弹性选择空间，让一切进展更难。那么对于年幼的孩子而言，可以教育他们远离陌生人，建立危机意识，以便在遇到危险时尽可能地自保。而对于大一些的孩子，因为已经具备了初步的判断能力，所以可以让他们酌情处理。

当然，即便给予孩子权利让孩子自主判断和决定是否与陌生人说话，也有几点原则需要坚持。第一，遇到陌生人求助，一定要保持安全距离，尤其是要注意不要跟陌生人前往陌生的地方或者封闭的场所。几年前，有个护士学院的女孩因为好心，送一位孕妇回家，结果被孕妇的丈夫奸杀，如花似玉的生命瞬间陨落。在谴责这对心狠手辣的夫妇的同时，我们更要反思女孩是否缺乏安全意识，才会轻易被骗到别人的家里，任人宰割。第二，对他人适度付出同情心，但千万不要同情心泛滥。曾经，有坏人在单身女性家门口播放婴儿哭声的录音，以诱使单身女性打开家门查看情况，由此导致单身女性陷入险境。因此，人一定要先有自我保护意识，才能谈

及帮助他人。第三，哪怕对于刚刚熟悉的人或者非常熟悉的人，只要不是亲人和家人，也要保持警惕。父母一定要告诉孩子，不要随便离开家人的视线范围，哪怕是与其他孩子在一起玩耍，也要留在监护人的视线范围内。这样一来，那些想利用孩子做坏事的坏人，就无法得逞了。总而言之，孩子是弱小的，更是需要保护的，又因为他们防范意识较差，父母在辛苦养育孩子的同时，一定要给孩子灌输安全意识，让孩子更好地保护自己。

2．不要过度干涉孩子交朋友

自从上了一年级，原本很宅的凯凯明显朋友多了起来。他几乎每天放学后，都会兴奋地和妈妈谈起自己的朋友，语气中带着一丝骄傲。对于凯凯的朋友，妈妈总是详细了解，她不但询问凯凯关于朋友的情况，有的时候还会通过班主任老师了解关于凯凯朋友的情况。

有段时间，妈妈通过凯凯的讲述，得知凯凯与班级里一个叫张兴的孩子走得很近，最让妈妈担心的是，这个张兴学习很差，每次考试都是排名倒数第一。凯凯为何会与这样的孩子走到一起呢？妈妈决定采取干涉手段，有天下午放学后，当凯凯又兴致勃勃地说起张兴时，妈妈终于忍不住说："凯凯，你还是不要和张兴一起玩了，我听说他的学习成绩很差，根本不是个好朋友。"凯凯很困惑："张兴就是我的好朋友啊，他和我还是同桌呢。学习差没关系，我会帮助他进步的。"得知凯凯和张兴还是同桌，妈妈更担心了，第一时间就跑到学校找老师，强烈要求老师一定要把凯凯和张兴调开。因为凯凯个子很高，只能坐在班级里最后一排，为此老师只能让凯凯单独坐一张桌子。凯凯很伤心，他不知道是妈妈从中作祟，还以为是老师故意把他与张兴调开的呢，因而情绪非常低落。

看着凯凯每天如同霜打的茄子一般，妈妈不免有些难过。后来，凯凯不知道从哪里得知是妈妈要求老师把他与张兴调开的，回到家里和妈妈大吵一架，还说以后再交朋友绝对不会告诉妈妈了。

上述事例中，妈妈因为担心凯凯受到张兴的负面影响，会让学习成绩下降，因而当机立断找到老师，要求把凯凯和张兴调开。殊不知，孩子的友谊是非常纯真的，没有那么多的考量，他们喜欢谁就要和他做朋友。不得不说，妈妈完全是多虑了，也没有信任凯凯能够处理好与张兴的关系。妈妈只想到张兴会给凯凯带来负面影响，却没想到凯凯也许能对张兴起到积极的正面影响呢。这样一来，凯凯与张兴之间就会皆大欢喜！由此可见，事例中妈妈完全低估了凯凯的能量。

> 每个孩子最终都要走出家庭，走入社会，也要离开家人的庇护，到社会中求生存。对于孩子而言，他们在成长的过程中当然会面临各种各样的困惑，也会遇到形形色色的人，但是父母不可能一直给孩子把关交朋友，至于一个朋友到底是否值得交往，是需要孩子自己去感受和做出判断的。

当然，作为孩子的监护人，父母也要了解孩子与什么样的孩子在一起玩耍和交往，但是前提条件是父母必须尊重孩子，也要理解和信任孩子，这样才会让孩子受到了尊重，也才能给予孩子更广袤的成长空间，让孩子健康快乐地成长。尤其需要注意的是，父母完全无须过分担心孩子交了坏朋友，因为孩子也有感知和判断能力，父母要相信他们能做出最好的选择。因而对于父母而言，随着孩子渐渐长大，只需要监护即可，而不要全权代

办。孩子的成长需要爱与关心，也需要尊重与理解，更需要信任与空间。

3．打回去，到底好不好

乐乐小时候是个很胆怯的孩子，每次在小区公园里和孩子们一起玩，他总会被欺负，而且哪怕被揍了也不敢还手，只会哭泣，这让爸爸很恼火。乐乐其实身材高大，比同龄人都要显得强壮一些，为何总是挨揍呢？妈妈也很纠结，却不知道应该如何教育乐乐应对这种情况。不可否认，有很多孩子存在故意欺负人的现象，他们也许是在家里被骄纵惯了，在外面打人也总觉得天经地义。对于这样的孩子，一味地忍让显然是行不通的，因为这样只会导致他们变本加厉欺负人，对于缓解矛盾没有任何好处。而更加严重的是，由于长期被欺负而不敢还手，还会让乐乐留下心理阴影，变得懦弱，严重影响到孩子以后的成长。

然而，如果让乐乐一味地打回去，则也是不可行的。毕竟孩子们在一起玩得高兴时，很容易发生磕碰的现象，如果是被打一下就马上还回去，那么很容易导致乐乐变得睚眦必报、心胸狭隘。思来想去，妈妈很久都没有想出一个好办法。后来爸爸提议这么告诉乐乐："对于被打的情况，很有可能是小朋友不小心，也有可能是故意，但是在第一次挨揍时，没有必要马上引起冲突，所以可以选择忍让。尤其是当对方向你表示歉意时，你更应该宽容。而当对方在短时间内第二次又打你的时候，则有很大的可能是故意，当然也不排除依然是不小心。这种情况下，你可以选择忍让，提醒对方注意，或者严肃警告对方，也可以选择还手。当对方第三次打你时，你则一定要坚决还手，因为显而易见对方已经习惯于欺负你了，你必须让他知道你不是别人随便可以欺负的。如果对方说他是不小心，那么他也已经是第三次不小心了，你完全有理由让他知道你的厉害。"如此长篇大论说完，乐乐还是有些不解，后来爸爸又举了很多例子，向乐乐说明情况，乐乐才算有了一定的认知。

　　孩子们在一起玩耍时，很容易发生各种各样的矛盾，其中打打闹闹的情况是最为常见的。通常情况下，父母一定要摆正心态，不要觉得孩子被打了，吃了一点小亏，就得马上打回去。实际上，孩子之间打打闹闹是很正常的，发生纠纷也完全不值得一提，很多时候孩子自己会解决问题。作为父母，如果面对孩子之间的纠纷过于紧张，就会把这种情绪传染给孩子，也会导致孩子睚眦必报。反之，如果强制要求孩子一味忍让，也会导致孩子形成怯懦的性格，如同"受气包"一样任人欺负，这显然也是不可行的。

　　上述事例中，乐乐爸爸所说的处理方案尽管有些复杂，但对于年纪稍大一些却又不能判断他人是主观故意还是不小心的孩子而言，还是有很大借鉴意义的。不过对于年幼的孩子，往往无法理解这么复杂的规则，还是应该另寻解决办法。通常情况下，父母会对年幼的孩子亦步亦趋，如果孩子不小心被打了，当然是可以选择原谅对方，却会要求对方孩子道歉。

　　很多父母因为袒护孩子，在孩子犯错之后会第一时间站出来为孩子道歉，却不知道这样的方式会导致孩子对于自己的错误无知无觉，很容易再次犯相同的错误。让孩子自己道歉，则能够帮助孩子认识到错误，也有助于孩子改正错误。

当然，也不排除会遇到护短的父母，他们在看到自家的孩子打别人的孩子的时候，会故意装作没看到，而一旦看到别人家的孩子打回自己的孩子，马上就会跳出来，指责人家的孩子。这样的父母最容易让冲突升级，也会给孩子树立坏榜样。实际上，不管孩子之间发生了怎样的冲突，尤其是对于年纪较小的孩子来说，父母都要充当协调者的角色，而不要一味地袒护自己的孩子。从另一个角度而言，父母袒护自己的孩子，看似是保护了孩子，但实际上却会因此导致孩子形成恶劣的性格，甚至影响孩子的一生。

在不得不充当公平裁判者的角色时，父母还要注意给予孩子足够的安全感。很多父母只要看到自家孩子与其他孩子发生冲突，第一时间就会不分青红皂白地呵斥自家孩子，导致孩子受到委屈却无处倾诉，也因此让孩子内心感到不安。因此父母要注意，任何情况下都要给予孩子足够的安全感，让孩子意识到父母才是他们最值得信赖和可以依靠的。这样一来，孩子才会更加信任父母，也才会在有任何情况发生时第一时间向父母求助。父母是孩子最好的老师，父母的言传身教，会对孩子起到积极的影响作用。因此，作为父母，就要给孩子树立好的榜样，以身作则，教会孩子宽容。

4．父母是否应该介入孩子之间的纠纷

周末，江边的开放式游乐场里有很多父母带着孩子玩耍，一些父母带着帐篷和食物，正在帐篷里悠闲地休息，而孩子们则在不远处的滑梯上跑

来跑去地玩耍。对于那些小一点儿的孩子，父母则在一边跟着，负责照顾。

有个三岁多的男孩正在从滑梯的通道费力地往上爬，而滑梯上有个四岁多的男孩正等着往下滑，却被这个三岁的男孩挡住了去路。四岁男孩未免调皮，就不耐烦地踢三岁的男孩，这时候站在滑梯下方的爸爸就让四岁男孩不要踢小弟弟，等到小弟弟上去再滑下来。然而，三岁男孩爬得很慢，很快四岁男孩又开始踢，这时三岁男孩爸爸看到没有人出来制止四岁男孩的行为，因而就提高了声音试图制止四岁的男孩，结果四岁的男孩哭了起来。突然，从滑梯另一侧，四岁男孩的爸爸出来了，对着三岁男孩的爸爸怒目以视，质问三岁男孩爸爸为何呵斥他家的孩子。结果，三句话没说完，两个爸爸打了起来，很快两个妈妈也加入了混战，还有人打了110。而正当双方父母打得不可开交时，两个男孩却又玩到了一块，又开始前后脚地滑滑梯了。

这个场景，在现实生活中很常见。首先，事例中的三岁男孩不应该从滑道往上爬，这就相当于开车逆行，是很容易发生"剐蹭"的。作为三岁男孩的爸爸，在发现孩子"逆行"的时候，应该讲道理给孩子听，及时制止孩子继续逆行而上。其次，作为四岁男孩的爸爸，不应该认为三岁男孩是逆行，就不制止自己的孩子踢小弟弟，唯有教会孩子谦虚礼让、宽容待人，孩子才能更好地玩耍和友好地与小朋友相处。最后，作为两个男孩的爸爸，无疑都犯了一个错误，即他们介入孩子矛盾的方式不是各自管好自己的孩子，而是指责对方的孩子，可想而知必然导致矛盾激化。而当双方的父母正在打得不可开交之时，孩子却已经忘记了刚才的不愉快，而又高兴地耍在了一起。不得不说，这对于冲动易怒的父母而言是极大的讽刺。

因为孩子而争吵或者打架，对父母而言是很失败的决策，这是因为孩子是不记仇的，他们也有自己的解决问题的规则。所以明智的父母看到孩子之间发生矛盾，会先静观其变，如果看到孩子之间爆发肢体冲突，再去及时制止，或者提供意见给孩子解决问题作为参考，这都是可行的。

因为对于年幼的孩子而言，在一起玩耍时哪怕发生争吵、打架的事情，也是正常现象，作为父母无须大惊小怪，更不能盲目介入孩子们的矛盾之中，以致让矛盾升级。

孩子都不会记仇，越小的孩子在与其他小朋友发生矛盾后，也许转瞬就忘了。每当这时，父母一定不要因为孩子而爆发冲突，否则当孩子又高高兴兴地玩在一起时，做父母的不觉得尴尬和难堪吗？总而言之，首先，父母尽量不要介入孩子之间的纠纷，孩子看似弱小，其实有他们自己的独特思维。父母要相信孩子有自己的规则处理问题，或者能够根据情况想出对策解决问题。其次，如果介入孩子纠纷，也不要盲目护短，而应该秉公处理，尽量引导孩子和谐解决问题。父母的言行举止将会对孩子起到很大的影响作用，如果孩子发现父母处理纠纷的唯一办法就是用拳头，那么孩子未来也会变成一个崇尚武力的人。而在现代社会，所谓的武力很多情况下都是糟糕的解决办法，非但不能让事情好转，反而会使情况更加恶化，因而父母要以身示范，为孩子做出好的榜样，教会孩子理性处理问题，文明解决问题。

5．帮助孩子建立正确的竞争观

丫丫要代表学校参加作文比赛，对于这次比赛，丫丫非常重视，也特别希望自己能够为班级争得荣誉。为此，丫丫进行了长时间的准备，还主动写了好几篇题材不同的习作。然而，很快到了比赛的日子，拿到作文题目，丫丫才发现题目是自己最不擅长的"我的家乡"。一直以来，丫丫都很擅长写人和记事，而唯独不喜欢写家乡。为此，丫丫觉得很发愁，心情郁闷，导致临场发挥受到影响，作文写得很糟糕。

经过半个月忐忑不安的等待，丫丫果然名落孙山，而与她一起代表学校参加比赛的同班同学丹丹，却获得了二等奖。丫丫觉得难过极了，原本她没有得奖就已经很伤心，现在又被丹丹比了下去，因而就更加难过。放学后，丫丫沮丧地回到家里，对妈妈说："我再也不想参加任何比赛了，太丢人了，还出力不讨好，现在全班同学肯定都在笑话我呢！"妈妈安抚丫丫："丫丫，比赛固然重要，但是友谊更重要。你虽然没有赢得奖项，但是丹丹却赢得了奖项，也同样是为学校和班级争光啊！你不应该妒忌丹丹，而应该真诚地祝贺丹丹。每个人都有自己的优势和长处，也有自己的劣势与不足，你要接受这个事实，以后努力改进，否则以后参加比赛就会有很大的压力。你认为呢？如果因为这次作文比赛而失去一个朋友，你岂不是损失更大吗？"妈妈的话说到了丫丫心坎里，她重重地点了点头。

现代社会，为了不输在起跑线上，很多父母从孩子很小的时候，就不断地给孩子施加压力,让孩子参与各种竞争。进入学校之后,孩子也经常面临竞争,不仅考试排名次,更是会在各种竞赛中不得不与他人一较高下。毋庸置疑,每个孩子赢得竞争都会觉得心花怒放,而一旦在竞争中失利,又会觉得万分沮丧。作为父母,除了一味地让孩子往前冲之外,更应该教会孩子友谊第一、竞争第二的思想,从而帮助孩子端正心态,理智面对竞争。

在这个世界上,没有人是常胜将军,更不可能在每次竞争中都获得成功。就像很多人进行投资理财,就一定要在真正去投资之前意识到投资是有风险的,既有可能获利,也有可能折本,一定要端正心态才能投入。竞争也是如此,在真正展开竞争之前,每个人都要意识到自己既可能在竞争中获胜,也可能在竞争中失败,这样才能从容面对竞争的结果,而不至于因为一次竞争失败就一蹶不振。

孩子的心灵是很脆弱的,很有可能因为在竞争中失败而感到沮丧绝望。每当这时,父母一定要引导孩子形成正确的竞争意识和竞争观念,这样孩子才能从容应对竞争,也才能以良好的心态迎接接下来的竞争。作为父母一定要记住,人生不是百米冲刺,而是一场漫长的马拉松,不要强求孩子一定要在每次竞争中都获胜,而是要让孩子以更从容的心态面对人生,孩子才能真正走好人生之路,也才能在未来的每一次竞争中都保持精神上的胜利者姿态。

6．宽容,是对朋友的善待

吃完晚饭,看到天色还早,奶奶带着果果去楼下的广场里玩。七八个孩子正在玩老鹰抓小鸡的游戏，果果也加入队伍当了队尾处的小鸡，才玩了没一会儿，可乐也来玩了。可乐排在果果后面，但是因为果果跑得太慢了，总是掉队，导致可乐好几次都要被老鹰抓住。可乐很不耐烦，忍不住推了果果一下，果果一个前倾扑倒在地，把膝盖磕破了。奶奶看到果果摔倒了，当即狠狠地批评了可乐。看到奶奶批评可乐，果果哭得更厉害了，奶奶只好带着果果回家。

回到家里，妈妈看到果果正在哭，就简单地问了下情况。这时，奶奶气鼓鼓地说："我现在就去可乐家，告诉可乐爸妈咱们果果的膝盖都磕破了。"妈妈赶紧对奶奶说："妈，您休息吧，我有可乐妈妈的微信，一会儿我告诉她。"等到奶奶回房间休息了，妈妈把果果抱在怀里，问："果果，你觉得可乐是故意推你的吗？"果果摇摇头："我跑得太慢了，可乐快被老鹰抓到了。"妈妈笑着说："那么可乐不是故意推你的，只是想保护你们两人都不被老鹰抓到，对不对？"可乐点点头。妈妈说："既然这样，咱们就应该原谅可乐，你觉得呢？其实你是个特别勇敢的女孩，我觉得膝盖破点儿皮也没关系，几天就会好的。"果果若有所思，良久才点点头。妈妈继续说："你和可乐是好朋友，如果因为这么点小事就去告状，以后可乐不愿意和你玩了，你愿意吗？"果果赶紧摇头，妈妈说："那咱们就这么愉快地决定了吧，还和可乐当好朋友，妈妈帮你把膝盖消一下毒，好吗？"就这样，原本惹得果果不高兴的事情就这样被妈妈妥善处理好了。

在这个事例中，果果的反应原本没有那么强烈，是因为看到奶奶"大惊小怪"，果果才哭得更严重。很多时候，孩子的心理会受到成年人心理的折射和反馈，如果成年人能够保持情绪平稳，理智引导孩子宽容对待朋友，那么相信孩子的反应也就不会那么强烈了。

小朋友们在一起玩耍，难免会磕磕碰碰。就算是自己家里的两个孩子在一起玩，受伤也是难免的。为此，作为父母，一定要正确对待孩子的受伤事件，不要因为孩子受到一点点伤害，就大惊小怪。唯有父母以宽容待人，孩子才能学会宽容，而孩子唯有拥有宽容的心，才能更好地与小朋友相处，建立良好的人际关系。

常言道，得饶人处且饶人，其实饶人不仅仅是宽容别人，更是宽容自己。当孩子拥有一颗宽容的心，他们就不会因为各种各样的小问题而与他人发生矛盾，也能让自己的心灵更自由，人生拥有更广阔的天地。很多孩子爱憎分明，对朋友好的时候恨不得把自己的一切都与朋友分享，而一旦和朋友闹矛盾，他们马上就翻脸。殊不知，宽容才是对朋友最好的善待，谁都愿意与胸怀宽广的人相处，而不愿意与心眼比针尖还小、睚眦必报的人相处。对于孩子，父母一定要引导他们善待朋友，这样他们才能拥有更多的好朋友，也成功建立良好的人际关系。

7．尊重孩子的朋友

最近，杰米结交了一个好朋友罗飞。罗飞让杰米觉得很新鲜，因为杰米是个调皮捣蛋大王，所以他的很多朋友都特别顽皮，也总是捣乱。然而，罗飞却是个品学兼优的好孩子，是班里不折不扣的学霸。每次听到罗飞侃侃而谈，说出那些自己根本听也没有听过的知识点，杰米就觉得自己特别崇拜罗飞。渐渐地，杰米觉得和之前的那些朋友在一起疯玩已没有意义了，相比之下，他更愿意和罗飞在一起，这样还能学到很多新鲜的知识！

罗飞呢，他对杰米的感觉也同样如此，他觉得杰米比自己此前那些一本正经的朋友都好玩，最重要的是杰米还能爬树掏鸟窝，也能下河摸鱼，这让罗飞觉得特别新鲜。才和杰米相处了一个多月，罗飞就迫不及待地要把杰米带回家里玩。一个周末，在罗飞的邀请下，杰米按时登门拜访。不想，看到杰米之后，罗飞的爸爸妈妈都觉得很失望。原本，爸爸妈妈以为罗飞带回家的朋友还和之前一样都是品学兼优的孩子，却没想到杰米不但学习成绩在班级里倒数，还是个调皮捣蛋鬼呢！爸爸还能勉强维持对杰米的正常招待，但是妈妈却时不时地蹙起眉头。杰米虽然学习不好，但是人很机灵，他看出苗头不对，连原本约定好的午饭都没吃，就急急忙忙告辞了。后来，杰米就刻意疏远罗飞，罗飞呢，为此与爸爸妈妈大吵一架，并且说以后再也不会把朋友带回家了。

上述事例中，妈妈的做法显然欠妥。对于孩子的朋友，不管父母是否欣赏和喜欢，都要表示认可，尤其是当对方接受邀请来家里做客时，父母更要调整好心态，无条件接受。否则，如果当着客人的面就"摆脸子"，那么伤害的不仅是客人的面子，更是自家孩子的自尊心。

> 孩子一旦走出家庭，步入社会，就会拥有自己的小群体。他们习惯于在小群体中活动，与好朋友一起玩耍，也习惯于受群体中其他成员的影响。

然而，正如人们常说的，有人的地方就有江湖。孩子们在小群体中活动，也会有远近亲疏之分。例如在班级里，总有些孩子走得更近些，有些孩子走得比较疏远。孩子与成年人一样，与走得近的朋友会交往密切，感情也相对深厚。大一些的孩子还会把朋友邀请到家里做客，介绍给父母认识。每当此时，父母一定要做好心理准备，要主动接纳和欢迎孩子的朋

友。否则，如果不尊重孩子的朋友，则会使孩子觉得自己也被轻视，他们肯定会觉得很伤心，甚至因此与父母之间爆发冲突。

很多父母都只是把尊重和平等对待孩子挂在嘴边上，殊不知，真正做到尊重和平等对待孩子，要做得很多。例如，尊重孩子的朋友，就是重要表现之一。

很多父母都明白"近朱者赤，近墨者黑"的道理，因而特别希望孩子的朋友也是品学兼优的，或者出类拔萃的，最好都是学霸级的人物。殊不知，孩子交朋友也像年轻人谈恋爱一样，并不会完全以对方的客观条件作为是否交往的唯一标准；相反，他们更看重彼此能否真正玩到一起，或者能够相互融洽、愉快地相处。显而易见，这与父母带着些许功利性的择友标准相冲突。不得不说，孩子是没有错的，只是父母对于选择朋友这件事情想得太多。尽管"近朱者赤，近墨者黑"这句话有一定的道理，但是父母也要相信孩子自己的眼光，相信他们一定会选择与自己志同道合的人作为朋友。换言之，很多父母不相信孩子交的朋友，或者不喜欢孩子的朋友，只是因为他们怀疑自己孩子的交友能力，不够信任自己的孩子而已。因而父母要做到相信自己孩子的交友能力，尊重孩子所选择的朋友，这样才能让孩子感觉到被尊重，同时他们也会感激父母在交友上给予自己的自主选择空间，也会让他更相信和尊重父母。

第十章 教养孩子，父母不可不知的敏感期

陪伴是最长情的告白，这句话不仅适用于恋人之间，也适用于亲子之间。唯有陪伴，才能帮助父母认识到孩子成长过程中的点点滴滴，也能让父母更加及时地意识到孩子敏感期的到来。对于敏感期，很多父母居然毫不知情，不得不说，这样的父母真的落后了。每个孩子在成长过程中都要经历各种各样的敏感期，也是对孩子极不负责的表现。每个孩子在成长过程中都要经历各种各样的敏感期，如果能够抓住敏感期对孩子进行相应的引导和教育，则孩子的成长就会更加顺利。作为父母，你知道对于孩子而言不可错过的敏感期都有哪些吗？下面我们就通过事例进行讲解。

1. 妈妈，你走错路了

天天三岁了，刚刚开始上幼儿园。度过最初的哭闹期之后，天天每天去幼儿园都很配合。一天早晨，天天起床太晚，眼看着去幼儿园就要迟到了，因此妈妈没有安排天天在家里吃饭，而是准备从路过的早点摊买份南瓜粥给天天吃。因而，妈妈没有走以往经常走的那条路，而是准备绕道早点摊。不想，正当妈妈在岔路口选择了不同的方向时，天天感到很困惑，但是在弄明白是怎么回事之前，他保持沉默，一声不吭，只是小脑袋瓜在不停地运转。就在妈妈即将到达早点摊时，天天突然大喊大叫："走那边，走那边，我要走那边。"

一开始，妈妈没有听懂天天的话，继续拉着天天的手往前走，口中还不停地提醒天天："天天，要抓紧啦，不然就要迟到了。"天天却往后拖着屁股不愿意往前坐，妈妈不由得急了，又因为听不懂天天带着哭腔的话，妈妈索性抱起天天朝前走。这时，天天就像一条泥鳅一样在妈妈怀里不停地扭动着，让妈妈觉得很尴尬。正当母子俩纠缠不下时，天天大声喊道："我要走那条路！"妈妈恍然大悟，原来今天没有走往日走的那条路，才会引起天天这么大反应。天天继续哭着说道："妈妈，你走错路了，不是这条，是那条。"无奈之下，妈妈只好抱着天天往回走去，重新回到岔路口那里选择了以往走的那条路。妈妈不知道，为何天天非要坚持走原来的道路呢？

三岁前后的孩子，正处于秩序敏感期，他们对于秩序尤其敏感，而且绝不允许任何人打破他们的秩序。例如有的孩子在玩过玩具之后，从之前的乱丢乱放，到必须放回原处，父母原本以为是孩子变得干净整洁了，却不知道这正是秩序敏感期的典型表象。在蒙台梭利的研究中，处于秩序敏感期的孩子会把积木等都放回原处，而绝不随意乱放，甚至对于他人的随意乱放，孩子也会立刻纠正，这并非是老师教育的成果，而是在老师的引导下，孩子本身的秩序敏感期在起作用。秩序敏感期，还表现在对于家里或者幼儿园里分开用的东西，孩子也必须对号入座，不允许任何人弄乱。孩子为何突然对于秩序如此敏感并且坚决维护呢？

> 　　对于孩子而言，秩序能够为他们建立安全感，让他们感受到安全。当秩序被扰乱或者被人为打破时，孩子就会感到非常焦虑不安，甚至哭叫吵闹。对于孩子表现出的这种对于秩序的偏执，父母如果不了解孩子是正处于秩序敏感期，甚至会因此而批评或者打骂孩子。这样一来，孩子自我构建的秩序就会被打破，还会影响他们的智力发育，甚至使孩子变得混乱，不得不说，这么做的后果还是非常严重的。

　　作为父母，应该更了解孩子生命的规律，尊重孩子内在秩序的构建。在教养孩子的过程中，尽量不要改变孩子的生活环境，如果必须要改变，一定要给予孩子足够的安全感，也要接纳孩子的情绪发泄。唯有如此，才能有效疏导孩子的情绪，让孩子平静地接受现实。

2. 小家伙最爱走不平路

亲子班放学了，奶奶接了贤贤往家里走去。奶奶走在平坦的小路上，但是贤贤偏偏不愿意配合，总是往高低不平的地方走去，还常常故意走在一脚宽的马路牙子上。奶奶不由得嘀咕道："你这个孩子怎么回事，放着好好的路不走，非要走高低不平的路，一会儿让你摔个大屁墩儿，看你还调不调皮?！"奶奶自顾自地说着，贤贤却充耳不闻，依然上蹿下跳，不好好走路。

果不其然，贤贤走了不一会儿，就一个跟跄摔倒在地。可能是摔得有些疼了，贤贤龇牙咧嘴，想哭，但是看着奶奶责怪的眼神，又勉强忍住了眼泪。晚上，爸爸妈妈都下班回家了，妈妈给贤贤洗澡时，发现贤贤的膝盖红红的，因而问奶奶贤贤的膝盖是怎么回事。这下可打开了奶奶的话匣子，奶奶一个劲儿地抱怨贤贤太顽皮了，从来不好好走路，总是上蹿下跳，还总是走不平坦的地方。妈妈听了奶奶的描述不由得笑起来："妈，难道您不知道孩子就喜欢走不平坦的地方吗？"奶奶有些愕然地看着贤贤妈妈："是啊，孩子为什么就喜欢走不平坦的地方呢？贤贤爸爸小时候也是这样，你看他脑门上有块疤痕吧，就是走路摔的。"妈妈耐心地向奶奶解释："之所以每个孩子都喜欢走不平的地方，是因为孩子天性就是喜欢走不平坦的路。像贤贤这样两岁大小的孩子，已经到了行走敏感期，所以他更喜欢走坑坑洼洼的地方。您不用太紧张，只要看着他不要去危险的地方，走路时小小的磕碰是没关系的。"奶奶此前还一直担心会被贤贤爸爸妈妈埋怨呢，现在听了贤贤妈妈的话后，总算吃了颗定心丸，不用担心了。

孩子从10个月前后喜欢在父母的腿上蹦蹦跳跳开始，就已经进入了行走敏感期。等到真正会走路之后，孩子从跟跄学步，到能够独立行走，他们活动的范围也越来越大，活动的自主性也有所增强，很愿意迈开稚嫩的脚步去认识和了解世界。然而，对于孩子的父母而言，这段时间恰恰也是他们最为提心吊胆的时候。一两岁的孩子还不知道危险为何物，因为在日常活动中，他们为了满足自身的探索欲和好奇心，总是喜欢走不平坦的路，这样他们以为才能见到更精彩的世界。然而，这也恰恰是导致孩子容易受伤的原因。孩子们行走能力还没有成熟，自身平衡能力也很差，因而在道路不平的情况下很容易摔倒，也更容易发生磕碰。为此，很多父母总是死死地抓住孩子，不给孩子独立走路的机会。实际上，这对于锻炼孩子的行走能力和满足孩子的好奇心和探索欲是很不利的。

作为父母，当然要尽到保护孩子的义务，但是却不能为了保证孩子安全，就强行制止孩子走路。**归根结底，孩子要通过小脚丈量世界，也要通过小手了解世界**。尤其是对于刚学会走路的孩子而言，制止他们，不给他们自由活动的机会，对于他们而言简直是一种折磨。所以父母最应该做的，是在保证孩子安全的情况下，给孩子更大的自由活动空间，这样孩子才能更好地练习走路，更多地接受外界的刺激，有利地促进智力发育。

有些父母特别溺爱孩子，在行走敏感期，总觉得孩子比较小，因而舍不得让孩子走太多的路。殊不知，对于孩子而言，一旦错过行走敏感期，他们就不想继续卖力地走路了，所以父母唯有在敏感期多给孩子练习的机会，才能激发孩子对于行走的乐趣和热情。这正是很多父母感到纳闷的地方，孩子不会走路或者刚学会走路的时候，往往特别喜欢走路，抱都不让

抱，然而一到真正学会走路了，反而变得"懒惰"了，总是张开双臂拦在前面让大人抱。之所以这样，是因为这时的孩子已度过了行走敏感期。

3．妈妈，我要和爸爸结婚

田田五岁了，是个漂亮的小姑娘，平日里主要是由妈妈和姥姥带养。然而，有段时间姥爷生病住院，为此妈妈和姥姥都去医院照顾姥爷了，爸爸只好请假一个月，专门在家里带田田。在爸爸假期即将结束时，妈妈和姥姥带着姥爷出院了，看到好久没见的田田，妈妈很是想念，因而赶紧把田田搂在怀里亲昵。不想，田田却躲到爸爸怀里，似乎对妈妈不感兴趣了。

晚上，妈妈给田田洗完澡，就躺在床上给田田讲故事。正当妈妈讲到白雪公主和王子幸福地生活在一起时，田田问妈妈："白雪公主是不是和王子结婚了？"妈妈用手指轻轻戳着田田的小脑袋："你这个鬼精灵，怎么什么都知道啊？"不想，田田接下来的一句话简直让妈妈吓到了，因为田田告诉妈妈说，"我长大了也要和爸爸结婚"。妈妈脑袋瞬间有些短路：田田才五岁，怎么就知道结婚的事了呢？为了避免吓到田田，妈妈假装不动声色，等到田田睡着之后，妈妈赶紧问爸爸到底是怎么回事。爸爸无辜地说："我也不知道是怎么回事啊，最早的时候她还说要和你结婚呢！"妈妈很担忧，次日就找到教育专家咨询，教育专家问妈妈："你一定不知道孩子的婚姻敏感期吧！"妈妈很惊讶："什么叫婚姻敏感期？"教育专家笑着说："你这个妈妈可真马虎，最近讨论孩子婚姻敏感期的问题特别多，你作为一个五岁孩子的妈妈难道就不关注一下吗？孩子到了五岁，进入婚姻敏感期，非常向往婚姻，又因为崇拜爸爸妈妈或者其他的照料者，所以理所当然要与最喜欢的照料者结婚啦！"听了教育专家的话，妈妈悬着的心这才放下来：原来，孩子还有婚姻敏感期啊！到底什么是敏感期呢？我必须马上给自己补课啦！

教育孩子是需要每个人毕生从事的伟大事业，而且要始终保持学习和进步的姿态，才能与时俱进。否则，如果父母不了解孩子的内心世界，也不懂得孩子的身心发展规律，那么一旦孩子的发展超出父母的认知，就会闹出很多笑话，甚至引起父母对孩子的误解。大多数孩子在五岁前后进入婚姻敏感期，开始对婚姻越来越感兴趣，当然他们对于婚姻的理解还不够深刻，也许觉得婚姻就是与喜欢的人一起过家家吧，所以他们理所当然的第一结婚对象就是照料他们的人，诸如爸爸妈妈，或者爷爷奶奶、姥姥姥爷等。

> 随着身心不断发展，孩子总会进入相应的人生阶段，心理方面也会发生一定的变化。面对孩子突然冒出来的那些稀奇古怪的话，父母一定要理解和尊重孩子，切勿小题大做或者大惊失色，以免给孩子带来紧张情绪。

在这个阶段，孩子不仅对婚姻感兴趣，甚至对于男性与女性之间的不同也很感兴趣。面对这样的问题，很多父母都会觉得尴尬，其实完全没有必要。如有太多的生理知识教科书适用于各年龄段的孩子，与其逃避，不如坦然面对，教授给孩子正确的生理知识。记住，人的好奇心都是很强的，如果父母在孩子的好奇心之下表现得忸怩和遮掩，那么只会导致孩子更加对生理知识、两性差异以及婚姻等他们所不了解的东西感到好奇，反而不利于让孩子形成正确的婚姻观、两性观等。总而言之，孩子是懵懂无

知的，父母的引导对于孩子的健康成长至关重要。作为妈妈，如果听到女儿要和爸爸结婚，千万不要惊讶，只需要告诉女儿爸爸真的很优秀就好了；如果听到女儿要与自己结婚，那么不妨给女儿一个美丽的期许，你要相信随着不断成长，女儿一定会在"嫁"给你之前先嫁给一位非常优秀的男性！

4. 让人崩溃的十万个为什么

周末一大早，妈妈就喊醒飞飞，因为妈妈要带着飞飞去看望姥姥姥爷。飞飞一听说要去姥姥家里，高兴得一蹦三尺高，因为他很想念姥姥家里的大金毛，也想念姥姥家里宽阔的院子，还有各种花鸟虫鱼。在飞飞心里，姥姥家里简直就是他的快乐天堂。

因为爸爸开车出差了，所以妈妈只能骑着电动车带飞飞去姥姥家。这是一段漫长的路程，至少需要40分钟的路程。一路上，妈妈骑得很慢，小心翼翼地保证安全。飞飞从离开家坐到电动车上，嘴巴就一直不停地说个没完。看到电线杆，飞飞问妈妈："妈妈，那是什么？"妈妈回答："电线杆。"飞飞问："电线杆是什么？"妈妈回答："电线杆是用来架设电线的。"飞飞继续问："电线是什么？"妈妈回答："电线可以让电流通过，这样咱们家里的电灯才能亮，电视也才有节目啊！"飞飞又问："电为什么能让电灯亮起来呢？"妈妈有些尴尬了，因为妈妈是个文科生，早把曾经学到的那点儿物理学知识都还给老师了。为此，妈妈沉默半晌才说："电是一种能量，能让电灯亮起来，也能让汽车往前走呢！"飞飞继续问道："爸爸的汽车是因为有电才走的吗？"妈妈回答："不是，爸爸的汽车是用汽油的。"飞飞依然不依不饶:"汽油是什么呢?"妈妈无奈:"每次爸爸去加油站加油,那就是汽油啊!"飞飞:"汽油也是一种能量吗?灯通电之后也有能量,为什么不像汽车一样往前跑呢?"妈妈实在无话可说了,只好怒斥飞飞:"好了,别问了,妈妈要专心骑车,这里道路太拥挤了。"飞飞沉默了不到两分钟,又开始问:"妈妈,你的车子是用电还是汽油?"妈妈不由得在心中埋怨道:上帝啊,又来了!

相信很多爸爸妈妈都曾经经历过和飞飞妈妈一样的尴尬,那就是在孩子的十万个为什么中从巧舌如簧到理屈词穷,甚至最终只能以发怒的方式压制孩子的提问。其实所有的爸爸妈妈心中也有一个疑问:为何孩子这么喜欢问为什么呢?为何孩子心中有十万个为什么呢?其实,每个孩子都喜欢问为什么。尤其是对于求知敏感期的孩子而言,他们看到任何事物都觉得新奇,都想一探究竟,遗憾的是他们并不知道父母并非教科书,更不是百科全书,也总有一些不知道的知识,所以无法回答他们所有的疑惑。

孩子的好奇心越强烈,求知欲望越强烈,心中的疑问就越多,他们也就越爱提问。每个孩子大概从三岁前后,对于知识就会变得非常渴求,因为无数的疑问也会如同火山喷发般爆发出来。在这个阶段,父母一定要懂得爱护孩子脆弱的求知欲,一定不要用粗暴的方式打断孩子的提问,否则孩子就会误以为多多提问是不好的,甚至再也不敢提问,完全关闭心中通往知识的大门。

与孩子的提问成正比的,还有孩子细致入微的观察力。如果孩子很粗心马虎,很少关注外面的世界,那么他们就没有那么多疑问。然而,大多数孩子的心思都是细腻敏感的,所以他们会更关注外界,也会通过不停的提问来满足学习的需求。无数的教育专家都曾经提出,只有勤于思考和爱提问的孩子，才能在学习的道路上越走越远，因而作为父母，一定要保护好孩子心中学习知识的嫩苗，从而保持让孩子对这个世界始终充满好奇心。

5．奶奶，这是我的朋友

四岁的天天才上幼儿园几个月，就变得和在家里完全不同了。每天放学，奶奶接了天天回家，几乎一路上，天天不是蹦蹦跳跳，就是小嘴吧嗒吧嗒不停地和奶奶说着幼儿园里发生的事情。

一天，奶奶刚刚接了天天走出幼儿园，天天就指着走在前面的一个孩子大喊大叫，并且使劲喊那个孩子的名字。那个孩子闻声站住，回过头来看着天天，天天兴奋地指着那个孩子给奶奶介绍道："奶奶，这是我的朋友沈瑞琪。"奶奶惊讶极了，因为看着天天介绍沈瑞琪的样子，似乎天天不是一个幼儿园小班的孩子，而是一个小大人了。不然，他为何会如此骄傲、如此自豪地把自己的朋友介绍给奶奶呢？接下来的一段时间里，天天几乎每天放学后都会向奶奶介绍自己的同学，并且还会把手臂伸开，看起来就像一位真正的绅士般。在天天的介绍下，奶奶认识了班级里的十几个孩子，并且还与孩子的照料者变得熟悉起来。

孩子在三岁前后，会出现明显的亲社会行为，表现得非常积极热情，喜欢交朋友。每当这时，曾经把孩子当成小不点看待的父母或者长辈，一定会觉得很有趣，尤其是当看到小不点一本正经地介绍自己的朋友时，简直让人忍俊不禁。很多父母还会非常感慨，原来不知不觉间孩子就长大了，就成为有朋友的人了，这简直让人感到惊奇。

　　随着孩子的朋友越来越多，他们与父母也会日渐疏离。正如曾经有一位作家所说的，所谓父母子女一场，就是看着子女的背影渐行渐远。尽管孩子从呱呱坠地时还是那么依赖父母，但是随着他们不断成长，孩子渐渐掌握了更多的生存技能，也距离父母更加遥远，他们最终要离开父母，奔向属于自己的人生。作为父母，当看到孩子成为一个真正意义上的社会人，也拥有了自己的社交圈子后，父母当然会感到十分欣慰，也觉得孩子真正长大了。

> 　　在孩子表现出亲社会行为时，父母一定要用心保护孩子结交朋友的热情，首先要激励孩子多交朋友，其次更要尊重孩子的朋友。这样，孩子才会产生主人翁的意识，觉得自己得到了父母的尊重和平等对待。

　　总而言之，尊重和平等对待孩子，说起来只是一句简单的话，但是要想真正做到，却需要父母发自内心地尊重孩子，才能给予孩子平等的对待。作为父母，当听到孩子煞有介事地介绍他自己的朋友时，一定要给予孩子最大的鼓励，也要充满热情地对待孩子的朋友，这才是对孩子的最大尊重。

6．我觉得这个更漂亮

　　佳佳才上幼儿园中班，妈妈就发现她变得爱美起来。例如，以前佳佳早晨穿什么衣服，都是妈妈头一天晚上拿出来放好的，她起床之后就会自己穿衣服，丝毫没有挑剔。而如今，妈妈为了决定佳佳第二天穿什么衣

服，真是煞费苦心。这是因为佳佳不愿意再对妈妈言听计从，尤其是对于妈妈提前一天给她准备好的衣服，她总是挑三拣四，不是觉得裤子颜色不好看，就是不喜欢裙子的样式。最让妈妈头疼的是，佳佳特别喜欢穿裙子，恨不得自己每天都能穿着裙子去上学，有的时候妈妈为她准备好裤子，想蒙混过关让她穿上，她却怎么也不愿意穿，坚持要妈妈在早晨匆忙的时间里为她找裙子。因此，妈妈不知道为了穿衣服和佳佳吵过多少次架。

六一儿童节那天早晨，佳佳早早穿上妈妈买的漂亮裙子，这个裙子是班级里统一要求买的，因而佳佳没法抱怨，也不能挑选。为此，佳佳就把重心放在了发饰上。她觉得妈妈为她准备的发卡不漂亮，因而自己从抽屉里拿出一个很夸张的发饰，要求妈妈为她戴好。这个发饰实在太扎眼了，妈妈觉得在集体活动中打扮得这么突出不好，因而给佳佳做了很长时间的工作，要求佳佳换一个发饰，但佳佳就是不同意，坚持说自己选择的发饰更漂亮。最终，妈妈拗不过佳佳，只得给她戴上了那个扎眼的发饰，不得已妈妈又带了一个低调的发饰作为备用，以防佳佳改变主意，然后就陪着佳佳去了学校。

当然，佳佳爱臭美的毛病虽然给妈妈带来了一些烦恼，但是也对妈妈引导佳佳打扫房间卫生、保持个人卫生起到了积极的作用。每次去佳佳的房间，妈妈总是夸张地捏着鼻子凑近佳佳的专用垃圾桶，在听到妈妈说垃圾桶里的臭味把房间都熏臭了时，佳佳总是很积极地清理垃圾桶。后来，妈妈更是因势利导，培养佳佳的审美能力，终于让佳佳从喜欢夸张的美变成了喜欢低调的美，也培养了佳佳正确的审美观念。

小女孩从三四岁之后，对于穿衣打扮就会有自己的想法，男孩因为神经大条，也许审美敏感期会出现得晚一些，且不明显，但是不排除有些男孩从三四岁开始也会进入审美敏感期。总而言之，这是孩子审美能力的发展，是不可阻碍的，是完全符合生命的发展和成长规律的。很多父母在孩子进入审美敏感期后，总是会对孩子自主挑选服装表现出不耐烦，或者完全不顾及孩子的心理感受，只会肆无忌惮地否定和批评孩子。殊不知，对于孩子而言，审美敏感期的出现是至关重要的，在此期间，孩子的审美能力逐渐形成，孩子也会因为各种各样的审美表现而被父母冠以臭美的名号。

面对孩子突然间变得爱美，父母其实完全无须紧张。常言道：爱美之心，人皆有之。孩子表现出对美的追求其实是无可厚非的。当孩子处于审美敏感期，父母可以多多陪伴孩子，从而及时关注孩子对美的理解和审美偏好，以便及时从中予以引导，让孩子形成正确的审美观，提升审美能力。细心的父母会发现，审美敏感期会渗透孩子生活与学习的各个方面，在只求完美的过程中，孩子也许会表现出偏执的特点，但是只要顺利度过敏感期，这种特点就会逐渐消失，孩子也不会对美那么执拗了。总而言之，美是人人向往的，孩子对于美表现出热情和渴望，完全可以理解。作为父母，一定要尊重孩子对于美的追求，也要理解孩子对于美的理解，唯有如此，才能帮助孩子调整审美观，以正确的态度面对美、欣赏美，直至创造美、成就美。

7．你这个可恶的家伙

因为忙于工作，妈妈不得不把奶奶接来，负责接送佳佳每天上幼儿园。然而，才过去一个多星期，妈妈就发现佳佳开始说脏话。例如，如果妈妈哪里做得让佳佳不满意了，佳佳就会咬牙切齿地说："你是个大臭屁啊！我要把你送到警察医院里打针！"警察医院是佳佳自己发明的一个词语，意味着非常可怕的地方，而佳佳不太会骂人，因而只能说人是个屁，以此来发泄她内心的愤怒。对于孩子可爱的童言童语，妈妈觉得不以为意，甚至有时候还觉得好笑呢！

然而，又一个星期过去，妈妈周末在家休息时，佳佳突然骂出了很不堪入耳的脏话，妈妈大吃一惊，不知道佳佳这是从哪里学来的。妈妈再三盘问佳佳，佳佳却说是奶奶教给她的，无奈之下，妈妈只好和奶奶沟通。原来，奶奶带着佳佳在小区的广场里玩，遇到了几个老乡，就开始聊天，也不知不觉说起家乡骂人的话来，结果就被在一旁玩耍的佳佳学会了，挂在嘴边。妈妈感到很紧张，因为她很清楚佳佳如今正处于诅咒敏感期，很喜欢通过说一些狠话来诅咒家人。而一旦语言环境充满污浊，佳佳就会变本加厉，导致满口脏话。为此，妈妈马上严肃告诉奶奶以后一定不要当着佳佳的面说脏话，否则一旦佳佳养成说脏话的坏习惯，就会积重难返，长大了也满口脏话，那时候就很招人讨厌了。

当孩子发现一句恶狠狠的话里蕴含着巨大的能量，孩子必然因为感到新鲜而对这句话兴趣倍增。他们也许会不断地重复这句话，当听到的人被这句话激怒时，孩子往往更加兴奋，因为他们达到了预期的目的，也因此而更加乐此不疲地说这句话。所以明智的父母面对孩子喜欢诅咒的现象千万不要反应过激，否则就会导致事与愿违，反而激发了孩子对这句话的兴趣。正确的做法是忽视孩子的这句话，听到之后反应如常，那么日久天长，孩子必然觉得说这句话没意思，渐渐地也就放弃了说这句话。因此，作为父母，一定要避免让孩子发现某句话会像利剑一样刺入人们的心里，会让人们发狂,也不要让孩子感受到恶言恶语给人带来的伤害。

> 很多父母一旦发现孩子说脏话,就会非常紧张,马上严厉制止。实际上,孩子虽然是在说脏话,但是他们根本意识不到某句话有多么肮脏,或者有多么不雅。对于他们而言,说脏话和说其他的话一样是水到渠成的事情,因而父母也要摆正心态,不要对孩子说脏话的行为反应过激。

大多数孩子都会经过爱说脏话的阶段,甚至有的孩子在此期间还会说出狠话,诸如"我要杀了你""我要砍掉你的脑袋",等等。其实,孩子们只是想通过说出这些话来试探其他人对于这些话的反应,因此作为孩子的监护人或者照料者,千万要保持淡定,避免被孩子激怒。

当然,对于每个孩子而言,成长的环境都是至关重要的。当孩子出于诅咒敏感期时,一定要为孩子营造良好的语言环境,从而避免孩子因为有机会接触脏话、狠话,最终导致孩子的语言越来越犀利,也越来越脏污。有人曾说,语言是心灵的外衣,如果一个人的内心纯净,那么他的语言也会很澄净。相反,如果一个人的内心肮脏,那么他也必然会说出污言秽语。作为父母,一定要帮助孩子顺利度过诅咒敏感期,也让诅咒的洪流在孩子心中消退,这样孩子才能健康快乐地成长,也能以干净的语言表现自己纯净的心灵,或者以纯净的心灵净化自己的语言。

8. 这是我的,不是你的

佳妮小时候特别友好,不管有什么好吃的或者好玩的,都很愿意与小

朋友分享，周围的邻居都纷纷夸赞佳妮是个乖巧懂事的小姑娘。然而，自从两岁半之后，佳妮就不那么大方了。每次在公园里玩耍，佳妮原本玩得好好的，只要一看到有小朋友靠近，马上就会保护玩具，生怕被其他小朋友抢走。

有一次，小姨带着弟弟来家里做客，妈妈让佳妮找出好吃的零食给小弟弟吃，但是佳妮却哇哇大哭起来，抱着零食绝不撒手，口中还不停地喊着："这是我的，这是我的！"对于佳妮的表现，妈妈很失望，说："佳妮啊，你是主人，还是姐姐，怎么这么小气呢？"后来，弟弟看上了佳妮的芭比娃娃，非要拿起来看一看，又惹得佳妮一通大哭。总而言之，佳妮非常"小气"，既不愿意和小弟弟分享美食，也不愿意和小弟弟分享玩具。妈妈实在气不过，居然狠狠地打了佳妮的屁股。不想，佳妮哭得更厉害了，却依然很"小气"，绝不愿意分享。

佳妮原本很大方，为何突然间就变得"小气"了呢？对于佳妮而言，她并不是变得小气了，而是她的自我意识开始觉醒，变得越来越强，因而她对于"我的"意识也更强烈，不管对于食物还是玩具，都不愿意和其他人分享了。细心的父母都会发现孩子在两三岁前后，从不知道护着自己的东西，到一下子变得极其小气，这都是"自我意识觉醒"的表现。

面对孩子的自我意识觉醒，父母不要强迫孩子和以前一样与别人分享，否则就会导致孩子缺乏安全感，也会使孩子变得更加焦虑和紧张。

在传统的教育观念中，人们总觉得大孩子理所应当要让着小孩子，而作为主人的孩子也要无条件向作为客人的孩子付出和分享。实际上，这完全是违背儿童身心发展规律的。在孩子的成长过程中，孩子因为身心的不断变化，也会处于不同的发展阶段。这个时候，父母一定要尊重孩子的身心发展规律，不要总是刻意要求孩子改变，或者强迫孩子付出。

记住，孩子的美食和玩具都是属于他自己的，如果父母要招待客人或者表现大方，那就应该用自己的东西去表现。而对于孩子拥有的一切，即使作为父母，也没有权利随意调遣。因而，父母要真正发自内心地尊重孩子，也要让孩子自己做决定是否与人分享自己所拥有的一切。作为成年人，也不愿意他人代替自己做主，更不想把原本属于自己的东西分给他人，既然如此，就要更加尊重孩子，不要强迫和违背孩子的意愿。

记住，当孩子说出"这是我的，不是你的"这样的话时，父母就要摆正自己的位置，不要觉得作为父母就有权利代替孩子分享。既然孩子不愿意分享，父母也只能尊重孩子的意愿，想出其他办法协调关系，而不要只知道从孩子身上下手，却从不给予孩子任何选择和决定的权利。这当然不是孩子想要的尊重与理解，如此粗暴的方式对于孩子的身心健康成长也没有好处。

第十一章 面对叛逆的孩子,明智的父母从不抓狂

在孩子的成长阶段,大多数父母都希望孩子是顺从的,能够对父母言听计从,也使父母在教育方面能够节省力气,少生气。然而等到孩子长大成人之后,大多数父母看着没有主见的孩子都会唉声叹气。父母原想着孩子长大了,总算可以独立支撑起自己的生活,并也能为父母的人生撑起一片天了。可看到如今孩子这样,想要改变孩子性格时却发现为时已晚了。要想孩子长大后能够独立自主,有主见,明智的父母在面对处于叛逆期的孩子时,就不会抓狂,而是会保持冷静和理智,讲究方法和技巧,对孩子因势利导,帮助孩子既保留住有主见的性格,又让他远离叛逆,步入人生正轨。

1. 除了学习，你与孩子还有话题

自从乐乐进入小学四年级，学习任务就越来越重了，而他的情绪化也更加明显。以前，妈妈教导乐乐什么，乐乐都能顺从地接受，如今不管妈妈对乐乐说什么，乐乐都会表示反对，而且总是故意与妈妈对着干。对于乐乐的表现，妈妈感到很苦恼，也意识到乐乐可能是进入了青春期，所以才会有这么反常的表现。

在这次期中考试中，乐乐的成绩有所下降，妈妈刚说了几句，乐乐就对妈妈歇斯底里。妈妈也很委屈，吼道："你以为我愿意管你吗？我每天工作不辛苦吗？我不愿意休息吗？如果你学习方面让人省心，我还犯得着这样操心你吗？"妈妈说完后，和往常一样，等待着妈妈的是一记响亮的关门声，妈妈觉得心都被乐乐的关门声震碎了。爸爸下班回家，看到家里冷锅冷灶的，意识到乐乐一定又惹妈妈生气了。为此，爸爸当机立断去找妈妈做工作，让妈妈不要再与乐乐较劲。爸爸耐心地对妈妈说："你别生气啦，难道你忘记自己的青春期是什么样的了吗？对待孩子，一定要讲究方式方法，就算咱们工作一天了，如果回到家里还有人盯着我们说工作的事情，我们当然也会感到厌烦。我觉得咱们应该改变沟通方式，从乐乐感兴趣的话题入手，这样乐乐才会愿意与咱们交流，也能听得进去咱们的规劝。"妈妈委屈万分："以后我不管了，心脏病都快被气犯了，你乐得清闲还说风凉话，以后都归你管。"看到妈妈即将崩溃的样子，爸爸意识到自己以后真的要肩负起教育孩子的重任，因而对妈妈说："好的，这段时间我先管着，你给我指导。"结果，爸爸的管理方法让妈妈大跌眼镜，因为爸爸根本没有教育乐乐，反而每天都抽出时间来陪着乐乐玩，做乐乐喜欢做的事情。妈妈看不出来爸爸有何成功之处，倒是看出来爸爸和乐乐变得不像父子，而像兄弟了。

上述事例中，爸爸的方法非常高明，他知道不能一味地对乐乐进行说教，否则就会引起乐乐的反感，而要想与乐乐搞好关系，就要先与乐乐套近乎，打开乐乐的心扉，这样才能与乐乐之间有顺畅的渠道进行沟通。比起妈妈一味地说教来，爸爸这套方法对于青春期的孩子而言更加适用。

很多父母一旦与孩子沟通，彼此就会像充满了深仇大恨一般，恨不得马上就让孩子言听计从，变得完美无缺。而且，大多数父母与孩子沟通时三句话不离本行，总是与孩子说起学习的话题，这让孩子十分反感。

作为父母，在抱怨孩子与自己无话可说的同时，是否也应该想一想孩子为何对父母无话可说，或者根本没有耐心与孩子进行交流呢？追根溯源，如今的孩子压力也很大，每天都要完成繁重的学习任务，而且还要应付各种各样的兴趣班。如果作为父母还抓紧一切时间与孩子聊学习，那么孩子当然会觉得兴致索然，也就根本没有兴趣继续与父母交流了。因而聪明的父母知道必须与孩子建立良好的关系，才能与孩子有话可说，有话题可聊，而要想疏通沟通的渠道，最重要的就是找到与孩子的共同话题，即孩子感兴趣的话题。这样一来，孩子才愿意与父母交流，也才愿意对父母敞开心扉。

> 因为学习，很多父母都不自觉地把自己与孩子放在完全对立的局面上，弄得好像仇人一般。然而，作为父母，一定要弄清楚自己监督孩子学习的目的是什么？是督促孩子认真学习，还是为了孩子能够生活得幸福快乐？当然是后者。

既然如此，父母就要端正心态，意识到自己为孩子付出的一切，都是帮助孩子收获人生，为了一家人能够幸福地生活在一起。既然如此，父母还有必要为了学习而与孩子反目成仇吗？当父母打着为孩子好的旗号操控孩子的一切，让孩子毫无自由可言，那孩子还能理解和体谅父母的良苦用心吗？举例而言，如果一个孩子在父母的严格管教下学习很好，但是却始终不能与父母亲近，而另一个孩子尽管学习成绩平平，却幸福快乐地与父母相依相守，作为父母，你们愿意选择哪一种呢？前一种类型的父母固然是深明大义且具有无私奉献精神的，后一种类型的父母也许才是孩子最喜欢的父母，也才能真正给孩子带来幸福快乐。最重要的是，很多情况下，孩子的学习状况也取决于天赋，而并非完全取决于孩子的努力程度和父母的严格程度。既然如此，为何不能随遇而安享受生活，而非要与孩子针锋相对、水火不容呢？

明智的父母，不会总是让自己处在孩子的对立面，而会以平和的心态来与孩子沟通和相处，及时解开孩子的心结，和孩子成为无话不谈的朋友。唯有如此，亲子关系才能发展得更好，很多问题也会迎刃而解，父母和子女也能皆大欢喜，和谐相处。因此，试着和孩子平等地相处，不以高高在上的姿态来压制孩子，和孩子成为朋友，那么你们之间，除了学习，还会有很多说不完的话题。

2. 让孩子当一次小老师

黄桃已经读小学二年级了，但是上课特别容易走神，总是动不动就神游物外，尽管老师一次又一次提醒黄桃一定要认真听讲，但收效甚微。有段时间，老师实在无奈，还特意联系黄桃妈妈，让黄桃妈妈多培养黄桃的专注力。然而，在妈妈的千叮咛万嘱咐之下，黄桃依然故我，似乎上课就是为了在脑海中放电影的。

一个偶然的机会，黄桃妈妈看到有则新闻说，在贫困山区，有户人家的兄弟俩中只有弟弟有机会上学，哥哥只能留在家里和父母干农活。为了让哥哥也有机会读书认字，弟弟每天放学后回到家里，都要努力地教哥哥读书识字。为了不把哥哥教错了，弟弟上课听讲特别认真，片刻也不敢走神。最终，不但弟弟成功考上名牌大学，哥哥也通过高考，考取了一所普通的高校。妈妈灵机一动：让孩子当知识的搬运工，孩子如果好为人师，就能把一切都学得很好，而且课堂上片刻也不敢走神。就这样，妈妈当即向黄桃求教，真心诚意地邀请黄桃当自己的老师。黄桃看到妈妈那么喜欢学习，求知若渴，只好答应了妈妈的请求。这样，每天下午放学后，黄桃就会把所学的知识传授给妈妈，妈妈还认真地买了个笔记本做笔记呢。遇到黄桃讲得不太明白的地方，妈妈就与黄桃深入交流与讨论。可想而知，一段时间下来，黄桃在学习方面的进步突飞猛进，又因为当了"老师"之后她赚取了好几件心仪的玩具，所以她对于当老师这件事情越来越充满积极和热情。尤其是在课堂上，黄桃听讲特别认真，片刻也不敢开小差。

很多父母都因为孩子无法掌握课堂上的知识点而烦恼，也为此而千叮咛万嘱咐孩子上课要认真听讲，结果孩子非但不能完全做到，反而因为父母的叮嘱而与父母对着干。如此一来，父母当然会更生气，由此导致亲子关系进入恶性循环。其实，如果父母能够调整思路，改变对待孩子的策略，从逼着孩子学习，到引导孩子积极主动地学习，这样孩子就会变被动学习为主动学习，大大提高学习的兴趣。

> 对于课堂上不能认真听讲的孩子而言，与其逼迫孩子认真听讲，不如给孩子一次机会当父母的小老师。当然，前提是父母要当真正的学生，要以真诚的心态向孩子求教，这样孩子才会感受到自己作为老师的价值，也才会意识到自己唯有认真听讲，才能肩负起作为老师的责任。

如此一来，孩子岂不是就能主动学习了？

让孩子当小老师给父母传授知识，不但有利于孩子认真听讲，也能让孩子复习一遍课堂所学的知识，加深巩固，毫无疑问是一举两得的事情。作为父母，也一定要积极引导和支持小老师的工作，可以适当地给孩子一些奖励，从而激发起孩子当老师的兴趣，让孩子始终保持学习的热情。

3．角色互换，给孩子当家长的机会

乐乐刚刚升入小学三年级，似乎一夜之间就长大了，再也不是那个腻在爸爸妈妈身边的小孩子。上学和放学的路上，他不愿意再让妈妈牵着自己的手，面对妈妈的唠叨，他也开始反感。尤其是当妈妈催促他写作业时，他更是心生抵触，有的时候还会公然顶撞妈妈。

周五放学后，因为周日要去参加一个朋友的婚礼，所以妈妈催促乐乐未免急了些。这让乐乐非常不满，他翻着白眼对妈妈说："你就知道催催催，我每天上学这么辛苦，好不容易到了周五，就不能休息一下吗？我哪里像你们那么舒服啊？上个班那么轻松。"妈妈第一次被乐乐顶撞，气得眼泪在眼眶里直打转。她忍不住愤怒，和乐乐吵得不可开交。直到爸爸下班回家，妈妈和乐乐还是谁也不搭理谁。做好了饭，妈妈示意爸爸去喊乐乐吃饭，爸爸这才意识到这娘俩吵架了。吃完饭，爸爸私下里和妈妈沟通，了解了事情的始末。爸爸对妈妈说："看来，咱们以后不能把乐乐当孩子了，他已经长大了，进入了叛逆期，我们也要改变教育方式，这样才能让他心服口服。"

周六，爸爸正巧要加班，因而和乐乐约定进行角色互换的游戏，让乐乐当一次他期望的爸爸，享受当爸爸的"乐趣"。乐乐很高兴地同意了。周六早晨六点，乐乐还在酣睡，爸爸就喊醒乐乐："乐乐爸爸，你该起床做早饭了，我每天七点都要吃鸡蛋和面包，还要喝热牛奶。"其实，爸爸说的是乐乐的生活习惯。既然成为爸爸，乐乐当然不能推辞，只好睁开惺忪的睡眼开始做饭。做完饭，乐乐正准备休息，爸爸已经吃完了，冲着乐乐喊道："乐乐爸爸，快点儿来收拾桌子。我要去上学啦，你要去上班。"乐乐无奈地抓紧时间洗漱，和爸爸一起出门。到了单位，爸爸喝茶看报纸，而让乐乐坐在工位上。一个上午下来，乐乐虽然什么也没干，但是依然觉得很累。午饭后，乐乐因为早晨起得太早，刚想睡觉，又来工作了，他只好呵欠连天地陪在爸爸身边。好不容易熬到下午下班，乐乐终于松了口气，他对爸爸说："此时此刻，我最想躺在床上。"爸爸说："不行啊，我每天的任务是回家路上买菜,咱们还要去菜市场。"到了菜市场,乐乐连菜都认不全,只好凑合着买了几样菜提回家。回家之后,趁着妈妈还没到家,乐乐顾不上酸痛的胳膊,就抓紧时间择菜洗菜。等到妈妈回来做好饭,乐乐已经累得连饭都不想吃了。然而,吃完饭后,爸爸又喊他检查作业。

就这样,一天下来,乐乐没有片刻休息,困得眼睛都睁不开了。这个时候,爸爸问乐乐:"明天还想当家长吗?你还有机会当一天妈妈。"乐乐连连摆手,说:"我还是乖乖地写作业吧!"爸爸语重心长地对乐乐说:"其实,妈妈更辛苦。她不但上下班路上更远,而且还要负责做晚饭、洗衣服、拖地。在你写作业的时候,妈妈总是在做家务。偶尔有空闲看会儿电视节目,也是忙里偷闲。周末,妈妈还要带你去上课外班和兴趣班,给你买好吃的,等在你的教室外面,你现在能体会妈妈的辛苦了吗?"乐乐点点头,说:"嗯嗯,我以前从来不知道当家长这么辛苦,我以后会好好学习,主动写作业,不再惹你和妈妈生气了。"爸爸听了满意地笑了。

七~九岁的孩子,正处于人生中的第二个叛逆期——儿童叛逆期。相比起幼年时,孩子们渐渐长大,学到了更多的知识,自我意识逐渐觉醒,生活经验也更加丰富。所以处于儿童叛逆期的孩子,再也不愿意凡事都听从父母的安排。他们很想为自己的人生做主,而丝毫不愿意承认自己还是个孩子。也因为如此,他们与父母之间的冲突日渐增多。尤其是处于儿童叛逆期的孩子正处于小学中年级,学习上的压力日渐增大,功课也越来越繁重,所以很多爸爸妈妈都会明显感觉到在与孩子相处的过程中,矛盾越来越多。虽然每一个爸爸妈妈都不愿意面对这样的窘况,但是这却是孩子成长中必然经历的阶段,也是对为人父母者的考验。

> 实际上，孩子之所以叛逆，是因为自我意识的形成让他们个体意识更强，也忍不住要向父母宣誓自己的存在和独立的主权。既然如此，要想说服孩子继续采纳父母的建议，听从父母的安排，父母就要改变教育的方式方法，从"下达命令式"变成"启发引导式"，甚至可以像事例中的乐乐爸爸一样，采取"亲身实践式"，让孩子在深刻体会到父母的辛苦后，对父母心服口服，心甘情愿向父母"缴械投降"。

当孩子更加体谅和感恩父母，就不会总是与父母对着干，而是主动配合父母，这也让亲子之间相处得更加和谐融洽。

4．不催促，孩子才能更主动

上了三年级之后，作业越来越多，乐乐几乎每天完成作业都要很晚。看着乐乐整天都睡不醒的样子，妈妈不由得纳闷起来：班级里还有很多孩子每天都要上课外班呢，如果他们写作业也要到深夜，那么他们如何还能坚持上课外班呢？为了解开心中的疑惑，妈妈特意在班级群里私底下问了好几个家长，结果那些家长都说孩子只需要两个小时左右就能完成作业，根本不用到深夜。为此，妈妈更加加大力度盯紧乐乐，绝不让乐乐写作业的时候有所懈怠。每天下午，妈妈每隔十几二十分钟就会去乐乐的房间里，提醒乐乐以最快的速度写作业。然而，几个小时下来，乐乐的作业还是没写完。有的时候，妈妈催促得越紧，乐乐反而更慢，甚至拖延到深夜将近十一点钟。

全家人都被乐乐的作业搞得心力憔悴，尤其是妈妈，每天只要乐乐一放学，她就展开与乐乐斗智斗勇的过程。面对乐乐的拖延症，妈妈简直欲哭无泪，她想不出还有什么好办法能帮助乐乐戒除拖延。一天，妈妈因为加班下班比较晚，根本来不及做饭，所以打电话给乐乐："乐乐，早点完成作业，妈妈七点加班结束，回家接你去饭馆吃饭。"一听说去饭馆吃饭，馋嘴猫乐乐马上精神抖擞，问："妈妈，可以吃松鼠鱼吗？"妈妈说："当然，但是前提是把作业保质保量按时完成。""好的，没问题！"只听乐乐说话，妈妈就知道乐乐和平日里精神萎靡不振的样子截然不同。果不其然，才六点半时，乐乐就给妈妈打电话："妈妈，我已经写完作业了，你下班就赶紧来接我吧！"妈妈惊讶极了，平日里乐乐要晚上九、十点钟才能完成作业，今天却这么快就完成作业了，看来显形的催促真的没有隐性的催促管用啊！妈妈充分意识到，要想让孩子改变写作业拖拉的坏习惯，一味地催促根本行不通，最好的办法是用具有诱惑力的东西吸引孩子，才能激励孩子从被动完成作业到主动完成作业。

很多父母对于盯着孩子写作业这件事情都深有感触，而且很多家庭一到孩子放学回家后的作业时间就鸡飞狗跳，片刻不得安宁。不得不说，如今大多数家庭都只有一个孩子，父母除了工作之外，几乎把所有的心力都耗费在孩子身上，因而孩子也往往心力憔悴，承受着巨大的压力。

父母之所以觉得孩子写作业慢，有很多方面的原因，不可一概而论。首先，成年人的节奏和孩子是不同的，孩子有自己的节奏，因而父母要尊重孩子的节奏，而不要总是把孩子的拖延和磨蹭挂在嘴边，无形中就会给孩子贴标签。其次，孩子对于时间并没有明确的概念，例如成年人也许知道十分钟时间有多久，但是孩子却不能明显感知十分钟时间。基于这个因素考虑，父母应该着重培养孩子的时间观念，例如送给孩子一块手表，让孩子知道十分钟大概是多久，这样孩子就能更好地把握时间。再次，不得不说，如今的孩子还是很劳累的，不但学校里的课业很重，而且课后的各种课外班、补习班也使孩子"亚历山大"。对于作业，孩子既不能拒绝，也不能放弃，因而只能以消极的方式抵抗，也就是拖延。最后，为了帮助孩子形成紧迫意识，父母可以规定孩子必须在多久时间内完成所有作业，这样一旦到了预定的时间，哪怕孩子作业没有完成，也要让孩子马上停止。可想而知，这样一来，孩子或者要牺牲次日清晨睡觉的时间去补写作业，或者拿着没有写完的作业被老师批评，内心一定非常忐忑，次日再写作业时情况就会有所好转。

总而言之，以催促的方式督促孩子写作业，只是治标不治本，不催促，反而能让孩子主动地尽快完成作业。孩子看起来心思单纯，实际上内心也是非常细腻的。作为父母，一定要深入了解孩子，为孩子在家中的学习把好关，这样才能更好地配合学校与老师，也才能让孩子全方位发展与进步。

5．父母当监工，孩子更偷懒

每天放学，妈妈都因为杰米完成作业的事情大伤脑筋，因为杰米总是偷懒，害得妈妈连晚饭都不能做，必须在杰米的书桌前认真地盯着杰米。即使如此，杰米也总是情不自禁就拿起橡皮玩一玩，或者抠着手指甲发呆。时间就这样一分一秒溜走，看着杰米这么拖延，无故偷懒，妈妈又按捺不住自己的火气，总是对着杰米发脾气，导致母子之间的战争一触即发。

一天，妈妈又在看着杰米写作业，这时爸爸突然来电话通知妈妈："今天晚上，我们公司要举行晚宴，可以带家属，你和杰米一起来吗？"妈妈当然想去，但是又很为难地说："但是，杰米的作业还不知道什么时候能完成。"没想到，杰米早就听到电话里爸爸的声音，因而迫不及待地对电话里的爸爸喊道："让妈妈去吧，我保证完成作业，而且我九点半就会洗漱，十点钟准时睡觉。"听到杰米这么说，妈妈第一反应就是杰米想把她赶出家门，但是看着杰米信誓旦旦保证的样子，妈妈突然产生了一种想法，那就是要相信杰米一次，或者即使这一次不看着杰米写作业又如何呢？！与其说妈妈想去参加晚宴，不如说妈妈想看看杰米自己管理自己会有怎样的结果。为此，妈妈改变主意，当即打扮了一番就赶去爸爸公司参加晚宴了。一个晚上，妈妈很开心，也总是忍不住担心杰米是否已经兑现承诺。爸爸劝说妈妈："既来之，则安之，既然已经来了，就不要胡思乱想了，地球还是照常转着的。"

深夜十二点，爸爸妈妈回到家里，妈妈发现杰米不但完成了作业，还把书包收拾得很干净，而且杰米还细心地为爸爸妈妈留了字条："爸爸妈妈，我已经完成作业了，我是洗澡之后才睡觉的。祝你们晚安！"看着这张字条，妈妈瞠目结舌，爸爸如释重负。

因为妈妈离开了，杰米反而能够进行自我规划和管理，因而完成作业也就没有那么困难了。很多孩子之所以无法顺利完成作业，是因为他们讨厌被监视的感觉，也因为有父母为他们安排好一切，所以他们的秩序只是父母强加给他们的秩序，而缺乏内在的秩序。这种情况下，孩子当然表现会越来越差，因为他们缺乏自我管理和表现良好的理由。想明白这个道理，父母就知道为何越是监督孩子写作业，孩子反而越是拖延了。

孩子为什么爱偷懒呢？ 很多父母对这个问题百思不得其解，实际上，父母只需要扪心自问一个问题就能知道答案：你愿意每时每刻都工作吗？如果你整日都被上司和老板紧紧盯着，那么在上司和老板不在的情况下，你是否愿意给自己片刻轻松和休闲的时光呢？你当然愿意，也会竭尽所能去休息，这不是偷懒又是什么？人的本能是趋利避害，别说是缺乏自制力的孩子，就算是拥有自制力的成人，也会偶尔偷懒。所以作为父母，当发现孩子有偷懒现象时，不要紧张，也不要小题大做，就把它当成是孩子偶尔犯的一个错误即可。

大部分父母都在盯着孩子学习，恨不得孩子不吃不喝、不眠不休地痴迷于学习才好。然而，这样的学习过程是不可持续的，要想让孩子实现长远的发展与进步，每当孩子学习累了，父母不如以温柔地提醒孩子"休息会儿再写吧"代替"干吗呢，不要偷懒，赶紧写作业"。相信当父母的心态改变，语气改变，孩子也会有惊人的变化。当孩子在写作业的过程中遇到困难时，父母应该和孩子一起解决难题，从而与孩子分享学习的乐趣。

此外，还需要注意的是，有些孩子不想写作业没有任何原因，就是对学习和作业都感到厌倦。这种情况下，父母的提醒和催促必不可少，但是一定要讲究方式方法，从而给孩子带来积极愉快的学习体验。例如，有的父母在孩子没完成作业时总是呵斥孩子、数落孩子，这种情况下，孩子当然会觉得委屈，甚至产生排斥和抗拒心理。如果父母能够改变方式，以"你的作业即将完成了吗？我等着和你一起玩游戏呢！"代替"赶紧写啊，又开始磨蹭了"，那么孩子的情绪感受一定是完全不同的。总而言之，教育孩子是一项长期的事业，绝不能一蹴而就，也不可能马上就获得成功。父母一定要摆正心态，才能给予孩子更好的引导和教育，也才能在孩子完成作业的道路上与孩子结成同盟，陪孩子一起战胜堆积如山的作业。

6. 厌学有理，你知道吗

奇瑞从小就不喜欢学习，但是这一点儿都不怪他，因为爸爸在他很小的时候，就总是当着他的面说："学习有什么用啊？你小子，以后一定要跟着我学做生意，别学你表哥那样，读了这么多年书，整的连自己都养不活。"日复一日，爸爸的这些话在奇瑞心中不知不觉扎了根，等到奇瑞开始读书时，爸爸的生意已经越来越没落，但是奇瑞却形成了"读书无用论"。

每天晚上回到家里，奇瑞根本没有心思写作业。因为爸爸为了增加收入，居然在自家院子里开了个棋牌室。有的时候，棋牌室生意很忙碌，爸爸就会喊奇瑞帮忙。在不到一个小时的时间里，爸爸居然喊了奇瑞七八遍，奇瑞的作文刚刚开了个头，连一句话都没写完，就被爸爸喊走了。其实，奇瑞偶尔也觉得学习挺有趣的，但是因为家庭环境的影响，再加上爸爸总是宣扬读书无用论，渐渐地，他也就认命了，觉得自己根本不是读书的料。

在这个事例中，奇瑞之所以厌学，完全是因为父母带给他的不良影响。如今，很多自身没有文化的父母，总觉得学习是没有用处的，因而他们觉得上了大学也只能找一份普通的工作，甚至赚取的月薪还没有农民工多，不得不说，这都是目光短浅惹的祸。孩子读书学习，绝不是为了一时的收获，而是因为心灵的充实对于孩子的一生会起到深远的影响。因而对于学习，作为父母首先要端正态度，这样才能给予孩子更加积极的影响和作用力。否则，一旦父母发自内心就把学习想歪了，那么孩子在学习上一定会陷入被动的状态。

很多父母都因为孩子厌学而苦恼，却不知道孩子"厌学有理"。实际上，孩子讨厌学习是有原因的，绝不仅仅是因为学习比较累，或者对学习不感兴趣。很多从事销售的朋友都有过深刻的感触，即如果客户一开始比较抵触推销，那么有经验的销售员一定会顾左右而言他，而不是开门见山、直奔主题。作为父母，当面对不爱学习的孩子时，何尝不需要向孩子推销每一门课程呢？当父母成功调动起孩子对学习的兴趣，也让孩子意识到学习的乐趣，那么孩子就会从"要我学"变成"我要学"，自然能够提升学习的效率，让学习事半功倍。

不一定每个孩子都那么幸运地出生在书香世家，有些孩子的父母本身就是没有文化的人，还有的父母是做生意的，经常因为各种各样的事情牵扯精力，不但没有时间管孩子的学习，甚至有可能因为忙碌而喊孩子帮忙。在这样的情况下，孩子想学习好真的是一件很难的事情。原因在于，孩子本身自制力就不强，当面临外界的诸多干扰，孩子必然会不得安宁，也无法集中所有的精神和注意力学习。

同样，那些出生在家庭条件好的孩子，他们也会面临来自外界的很多干扰，不过这些干扰和上述孩子所面临的生存方面的干扰是不同的。很多城市的孩子一出生就拥有很好的条件，父母也为他们铺好了道路，准备好了一切，因而他们对于学习往往缺乏动力。在这种情况下，父母就要有意识地激发孩子的学习兴趣，让孩子爆发出学习动力，这样孩子才能乐于学习，主动学习。总而言之，孩子厌学有理，作为父母必须了解孩子厌学的深层次心理原因，才能最大限度打开孩子的心结，让孩子更加积极主动地对待学习。

7. 为何父母子女之间"一夜成仇"

面对抓狂的子月,妈妈觉得很纳闷:子月平日里非常乖巧,为何现在突然变得这么富有攻击性,且面对父母就像面对敌人一样呢?妈妈不知道原因,因为她不知道孩子的青春期未必要等到初中才会出现,也不知道女孩因为身心发育速度较快,所以青春期会更早地出现。妈妈只觉得似乎一夜之间,她与子月就成了仇人,曾经对她非常依赖和信任的子月,如今却总是对她怒目而视,而且对她说的一切话语都不以为然,总是故意与她对着干。

一天早晨,天突然变冷,气温下降了十几度。原本,子月已经拿出了厚重的羽绒服准备穿上,妈妈忍不住称赞子月:"闺女真不错,都知道自己添衣服了。"没想到,妈妈说出这句话之后,子月白了一眼妈妈,居然收起了羽绒服,继续穿着昨日的单薄运动套装。妈妈不由得埋怨自己多嘴,也明确意识到子月这是要与她对着干的节奏。

为何原本非常亲近和信任妈妈的女儿,会一夜之间与妈妈"反目成仇"呢? 很多父母看到孩子这样的情形,都会觉得很伤心,甚至怀疑自己是否哪里做错了,才会导致孩子故意与自己对着干。殊不知,孩子因为个体差异的原因,所以进入青春期的时间有早有晚。而且相比之下,女孩比男孩的心理发育更早,所以很多女孩也会提早进入青春期。面对女孩与父母的"一夜成仇",父母完全无须惊慌,因为这是女孩成长必经的阶段,这并不意味着女孩对父母的感情发生了变化。

> 青春期是孩子人生中反抗最为激烈的一个时期。在这段时期内，孩子的自我意识得到快速发展和增强，因为对于父母曾经代表着爱与关照的唠叨，孩子会由衷地表示反感。对于这个时期的孩子，父母最应该做的就是保持孩子内心的安静，既不要过分的管教约束孩子，也不要对孩子表现出特殊的照顾和过分的关心，要让孩子尽量保持心情平稳地度过青春期，这对于孩子而言是最重要的。

当然，作为父母，也要摆正心态，意识到青春期并不是洪水猛兽。孩子之所以青春期容易冲动，情绪激烈，就是因为他们体内的荷尔蒙大量分泌。所以父母要从根本上了解孩子心情波动的原因，也要发自内心地接受孩子的各种变化，唯有如此才能真正尊重和理解孩子，也才能公平地对待孩子。需要注意的是，千万不要因为孩子处于青春期，就换一种眼光看待孩子，归根结底，孩子需要充满爱与自由的成长环境，而不需要高压政策和让人窒息的管束。对于青春期的孩子而言，父母主要采取的策略应该是引导，尤其是当孩子情绪激动时，父母一定不要以过激的言辞刺激孩子。当孩子置身于充满爱与自由的环境中，父母要相信孩子能够顺利度过青春期，也会在青春期内处理好各种问题。在青春期内，所谓的"一夜成仇"并非真的是成为仇人，而只是孩子对于自我的宣言和对于主权的宣告。任何情况下，父母都要尊重和理解孩子，与孩子之间建立和谐友好的亲子关系。

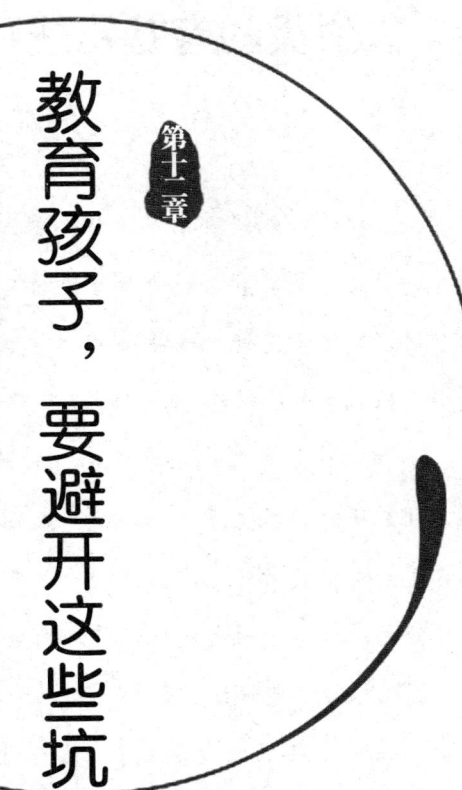

第十一章 教育孩子，要避开这些坑人的陷阱

如今，大多数家庭只有一个孩子，因而孩子也就成为家庭生活的重心，而且孩子的教育问题也成为家庭生活的重中之重。随着每个家庭对于孩子和教育问题的日益重视，越来越多的培训班、兴趣班等如同雨后春笋般涌现，还有很多父母因为内心的犹豫不安，导致心力憔悴。作为父母，对于孩子的教育问题一定要有自己的主见，千万不要人云亦云，也要避免一不小心掉入坑人的陷阱。唯有保持内心的淡定平和，父母才能在教育孩子的问题上更加从容，也效率倍增。

1. 人生真的有起跑线吗

一直以来，妈妈都把不让小娜输在人生的起跑线上作为全家的口号和奋斗的目标。妈妈和爸爸都是普通的工薪阶层，既没有很多钱去购买昂贵的学区房，又没有能力辅导小娜的学习。为此，妈妈只好尽量节省出钱来给小娜报名参加各种各样的培训班，而且也对小娜寄予了深切的厚望。

小娜的确很争气，虽然上的课外班不是最好的，但是她的成绩却始终名列前茅。转眼之间，小娜就升入三年级了，妈妈听说三年级对于小学而言是至关重要的一年，因此四处打听给小娜报名参加作文培训班和奥数班。然而，这两个班都价格不菲，而且小娜已经有三四个课外补习班要上了，因而根本不想继续增加更多的班。为此，懂事的小娜主动向妈妈提出："妈妈，能不能别再给我报班了，我已经有好几个班了，而且报班又要花很多钱。我自己会努力的，你相信我吧！"看着女儿懂事的样子，妈妈很心疼："小娜，我和你爸爸都没有文化，你原本起点就比别人低，妈妈必须想方设法给你补上啊！"小娜说："有很多上名牌大学的人，有很多科学家，父母都是农民啊，不影响他们进行科学研究。"妈妈说："现在和以前可不一样了，以前孩子们都不上补习班，所以只要努力勤奋的孩子就能脱颖而出，但是现在孩子们都上补习班，如果你不补习就会落后。咱们起点就低了，一定不能落后，坚持下好吗？"听了妈妈的话，小娜也不知道该说什么了，但是她真的不想再上补习班了，因为太多的补习班导致她现在都无法保证课堂知识的学习了。

为了不让孩子输在起跑线上，如今越来越多的家长选择提高孩子的起点，最终不但让孩子心力憔悴，父母也疲惫不堪。在孩子与父母都身心俱疲的情况下，人们不由得要反思：人生真的有起跑线吗？如果有，那也一定是每个孩子无法改变的出生，这就是伴随孩子一生的起跑线。而那些所谓可以选择的起跑线，实际上已经被贴上了形形色色的标签，也根本无法对孩子的成长起到绝对的影响作用。遗憾的是，如今很多父母都迷信孩子的人生是有起跑线的，并且为了让孩子赢在起跑线上，总是给孩子施加各种各样的压力。殊不知，对于年幼的孩子而言，他们根本就没有足够的能量把巨大的压力转化为动力，而且一旦给孩子压上最后一根稻草，孩子们就会变得不堪重负，甚至突然崩塌。

一个小生命从出生开始，就注定了他将会在怎样的家庭中生活，也注定了他会经历怎样的成长道路。 然而，生命对于自己的出生是无法选择的，不可否认那些富二代、官二代在人生中起点更高，也会面临更多、更好的选择。然而，作为普通人家的孩子，却不能因为即使再怎么努力也无法达到富二代、官二代的高度，就因此而放弃努力。生命中的奇迹只属于那些不畏艰辛、砥砺前行的人。诸如如今很多喜欢网购的年轻人都对马云无比崇拜，那么也应该了解马云并非有着显赫的家世，甚至在读书学习方面也没有独特的天赋，就连高考都参加了几次才考上师范院校，那么马云为何能有今日的成就呢？与他的努力是分不开的，也与他拥有远大的梦想且始终坚持不懈是分不开的。

既然每个孩子都无法改变自己的出生，父母也无须因为无法为孩子提供更高的起跑线而懊恼。因为对于孩子漫长的人生而言，一时领先或者落后并不代表什么，最重要的是孩子必须拥有坚强的品质，也要能够最大限度地发掘自身的潜力，即使遇到艰难坎坷也绝不畏缩和放弃，这才是收获成功必备的条件。

否则，哪怕起点再高，诸如很多官二代和富二代，也未必会有成功的人生。作为父母，一定要端正心态，唯有父母心态从容健康，拥有正能量，孩子才能拥有积极的人生。

2．左撇子到底用不用纠正

皮皮才一岁，已经开始学习独立吃饭了，但是随着皮皮吃饭的动作越来越娴熟，妈妈突然发现一个问题，即皮皮习惯于用左手拿勺子。妈妈想：难道皮皮是左撇子吗？一想到左撇子在生活中的种种不方便，妈妈就感到很担心，因而她几乎当即决定要在皮皮使用筷子之前，纠正皮皮的左撇子坏习惯。

妈妈是个想到就马上去做的人，她甚至没有怀疑传统观念所认为的左撇子不好是否有科学依据，就开始纠正皮皮。皮皮正觉得自己拿勺子吃饭是件有趣的事情呢，但是每当他拿起勺子吃饭时，妈妈就会严厉地要求他必须用右手拿勺子，这使皮皮感到很难过，也让皮皮一旦吃饭的时候就觉得紧张。渐渐地，皮皮的胃口越来越差，而且一想到吃饭就精神紧张，渐渐地，还出现了口吃的情况。妈妈不知道是怎么回事，因而带着皮皮去看心理医生。心理医生在详细询问皮皮最近的生活情况之后，推理道："皮皮是从你纠正他左撇子的习惯才食欲不振、口吃的，对吗？"显然，妈妈也已经不能清楚地记起皮皮出现这些状况的时间了，但是的确这几件事情都是前后脚发生的。医生问妈妈："你为何要如此严厉地纠正孩子使用左手的习惯呢？"妈妈被问住了，想了想才说："一直以来，大家不都是觉得左撇子不好，未来生活中会有很多麻烦吗？"医生笑了："这完全没有科学依据啊。麻烦也许会有一点点，毕竟大多数人都习惯于用右手，但是这点麻烦不足以让你强制孩子改成右手。你要知道，你这样的强迫会让孩子精神紧张，而口吃、食欲不振，都有可能是由于精神紧张引起的。而且你每次一吃饭就严厉呵斥孩子，孩子也会对吃饭产生抵触心理。"最终，妈妈听从医生建议，决定先不纠正皮皮左撇子的习惯，看看皮皮在精神放松之后，食欲不振和口吃现象能否有所好转。

果不其然，在妈妈忽略皮皮的左撇子习惯后，皮皮可以自由地用左手或者右手吃饭，他的精神完全放松下来，各种症状都有所减轻了。

很多父母都和上述事例中的妈妈一样，一旦发现孩子习惯于使用左手，马上就会如临大敌，严厉纠正孩子。甚至有的父母发现说教和提醒孩子的效果不好，还会在吃饭时用筷子敲打孩子的手。实际上，这样的行为恰恰会导致孩子变得精神紧张，原本孩子们以为自己的行为表现一切正常，也觉得轻松自如，却因为父母的过激反应搞得莫名其妙，甚至不知道自己到底犯了什么错。不得不说，对于孩子而言，父母突如其来的剧烈反应让他们很难接受。

> 其实，从科学的角度而言，孩子用左手并没有什么不好，用左手的孩子右半球大脑会更加活跃，因为频繁地使用左手，能刺激右半球大脑运转。

从本质上而言，左撇子现象其实是一种奇怪的生理现象，有人说左撇子更聪明，因为有很多伟大的人物都是左撇子，实际上，这只能说明是否左撇子对人的智力发育没有影响。因而，孩子是否左撇子应该采取顺其自然的态度，要意识到孩子不管是习惯于使用右手还是左手，都是正常的生理现象，无须强求。如果孩子不是左撇子，父母也无须为了让孩子变聪明，就鼓励孩子使用左手。总而言之，孩子的健康快乐比一切都重要，父母要尊重孩子生命的内在规律，也要为孩子营造健康宽松的成长环境，这样孩子才能更加轻松愉悦地快乐成长。

3．亲子班非上不可吗

　　小米已经一岁半了，刚刚能够稳步行走，因而每天都会在家里展开探索行动，四处观察，到处敲敲打打，还会拉开抽屉翻看。一次，妈妈带着小米去小区广场上捡树叶，正巧广场上有附近的幼儿园正在招收亲子班的学生，妈妈就上前了解了一下。在幼儿园老师的介绍下，妈妈才明白亲子班的概念，也才意识到小米已经到了上亲子班的年龄。

　　回到家里之后，妈妈和爸爸商量起给小米上亲子班的事情，爸爸马上表示反对："上什么亲子班啊，无非就是带着孩子玩，你也可以带着小米做游戏啊，因为人少，你还可以和小米更好地互动呢！你要是说需要与小朋友在一起玩，小区广场上就有很多小朋友，自由自在玩得多开心。"妈妈有些不认可爸爸的观点："但是，亲子班是有老师带着玩啊！"爸爸不以为然："老师再懂得教育理论，也没有父母的爱与陪伴对孩子重要。你只要多用心，一定能比亲子班的老师教得更好。"在爸爸的坚决反对下，妈妈只好把给小米上亲子班的想法暂时搁置下来。但是，话说回来，孩子到底需不需要上亲子班呢？

对于每个孩子而言，玩是他们的天性，他们不需要任何人引导，就能和同龄的孩子玩到一起，而且会玩得很好。例如几十年前孩子们根本没有现在这么多玩具，但是却玩得不亦乐乎，这就证明了孩子是很擅长玩的，也不需要任何人教会他们玩耍。但是在亲子班里，玩耍却被作为一门课程去推广，尽管有老师带着玩，但是因为老师具有目的性，而且玩也要有一定的收获，所以这样的玩并不能最大限度地激发孩子的天性，无法让孩子在自由的环境里获得更好的成长。因此，所谓的亲子班，实际与孩子的天性相悖。

很多父母会发现，才一两岁的孩子在上了亲子班之后，会明显变得懂事且乖巧了。实际上，孩子还小，他们的内心是柔软而又顺从的，因而很容易被"驯化"，这种"驯化"被很多不了解孩子天性且被孩子乖巧表面所蒙蔽的父母理解为懂事。孩子太早懂事其实并不好，这会让孩子变得紧张，无法遵从天性而生存。

> 作为父母，一定不要因为各种观念的存在，就对孩子的成长产生困惑。要记住，孩子的成长不需要额外的"添加剂"，也不需要被过多地束缚。尤其对于年幼的孩子而言，爱与自由就是最好的生命养料，能给予他们更多的生命滋养。

如今，人们对于入口的食物都非常讲究，觉得一定是要纯绿色无污染的。那么对于孩子的教育呢？也要尊重生命的自然规律和节奏，从而给予孩子绿色天然的成长环境。所以，父母们，让孩子像学会吃饭、睡觉一样学会玩耍吧，他们根本不需要任何培训，就能把这一切做到最好。

4．测智商就能预知孩子未来吗

从小，小龙就不在父母身边，而是跟着爷爷奶奶一起长大。直到上小学时，父母才把小龙接到身边，也想让小龙接受更好的教育。然而，小龙从小在农村玩惯了，来到城市里很不习惯，又因为小龙并不像城市里的孩子那样从小就上亲子班、幼儿园等，所以他进入一年级之后成绩很差。

看到小龙总是排名倒数第一，妈妈不由得着急了，甚至怀疑小龙是不是她的儿子，因为她和爸爸都是高材生啊。为了验证小龙到底是不够聪明还是不够用功，抑或是到了城市不适应，妈妈特意带着小龙去测了智商。结果，智商测试结果显示小龙智商并不高。妈妈很心急，在有一次小龙考试又是倒数第一之后脱口而出："你这个智商，真不知道随谁呢！"这句话被小龙听在耳朵里，记在心里，后来，每当妈妈嫌弃小龙学习不好时，小龙总是不假思索地说："也不知道随谁，智商这么低，真不是上学的料。"仅从这件事情来看，小龙其实是很聪明的，所以才能对妈妈对答如流，也能为自己找到如此完美的"理由"。

上述事例中的妈妈原本想通过测试智商来给小龙鼓劲，却没想到小龙的智商测试结果并不理想，而且糟糕的是，妈妈还因为激动，把智商测试的结果告诉给了小龙。可想而知，对于机灵的小龙而言，从此就找到了学习上不知上进的理由和绝佳的借口，也能够让自己对妈妈的一切指责和抱怨都对答如流。

如今，很多父母都热衷于带着孩子测试智商，觉得这样就能预知未来。殊不知，从心理角度而言，大多数要测试孩子智商的父母，都是对孩子缺乏自信。因为父母首先要做的是端正心态，才能信任孩子。对于孩子而言，测试智商绝没有好处，反而会贻害无穷。测智商无非有三个结果：第一，孩子智商很高，导致孩子沾沾自喜，变得很骄傲，因而根本不愿意潜心学习，也不愿意付出辛苦和努力，最终反而使孩子不思进取。第二，孩子智商平庸，孩子也许会因此而泄气，也许满足于当一个普通人，使人生平庸如常。第三，孩子智商很低。看到这里，也许有的父母会说向孩子隐瞒智商测试的结果，实际上这是根本无法隐瞒的，哪怕选择在短期内隐瞒了，长此以往，孩子也必然会有所察觉。而一旦孩子认定自己就是一个智商很低的人，那么内心脆弱的孩子必然自暴自弃，甚至破罐子破摔，可想而知会对孩子的人生产生怎样的不利影响。

从这个意义上而言，测智商不但无法预测孩子的未来，还会对孩子的人生起到消极的负面作用。明智的父母不会带孩子去测试智商，不仅毫无意义，而且会帮倒忙，使孩子禁锢自身的发展，导致孩子无形中在人生路上走上弯路。

作为父母，当孩子在成长的过程中出现各种各样的问题时，一定要保持理智，不要因为孩子某个方面发展得不太好，或者稍显落后，就盲目断言孩子智力有问题。事实上，除了那些先天愚型的孩子之外，大多数孩子都属于智力正常的范围，当然也不要妄想孩子是智力超群的天才，因为天才在这个世界上是凤毛麟角的。正如大文豪鲁迅先生所说，哪里有天才，我只是把别人喝咖啡的时间用来工作而已。所以父母也不要随意夸赞孩子聪明，而要让孩子意识到唯有勤奋，才是获得成功的唯一捷径。既然是否知道智商都不能对孩子的成长起到积极的影响作用，甚至有可能起到负面的作用，那么每一位父母都要端正心态，正确地看待孩子的智商，帮助孩子以正确的方式方法学习和生活，孩子一定会表现得和大多数孩子一样，积极、上进。

5. 补习班的作用到底几何

小学二年级时，亚米从北京跟着父母迁居到南京，从此之后在南京定居。可想而知，北京的教材和南京完全不同，对于亚米而言，要想第一时间就适应南京的学习也是很难的。为此，妈妈为亚米制定了二年级的目标，那就是适应南京的学习氛围，查漏补缺，尽快迎头赶上。

亚米虽然初来南京时学习上很被动，从此前在北京名列前茅，到现在在南京只能在班级里中等偏后，她很苦恼。然而，亚米是个学习能力很强的孩子，才一个学期过后，她就成功地追赶上了，在班级里排名前十。看到亚米如此努力和进步，妈妈非常欣慰。顺利度过二年级的过渡期后，妈妈这才发现班级里几乎有四分之三的孩子都报名参加了各种各样的培训班，而亚米却从未参加过任何培训班。妈妈当即征求亚米的意见，问亚米是否也愿意在学有余力的情况下报一两门补习班，然而亚米当即皱起眉头，说："妈妈，我不想参加补习班，我才刚刚适应学校的教学节奏，我只想踏踏实实学好学校的内容。"妈妈当然也理解亚米的苦衷，因而对亚米说："好的。如果你不想上补习班，妈妈也不勉强你，但是妈妈希望你能集中全力学好学校里的学习，好吗？"亚米点点头。后来，亚米果然没有让妈妈失望，她的成绩始终稳定在班级前几名，连老师都夸赞她学习能力强。

如果你家里有学龄儿童，那么你就会发现一个可怕的现象，即如今整个中国都已经进入全民补课的时代。尤其是在大城市，为了让孩子赢在起跑线上，父母们不管家庭条件如何，都会拼尽全力给孩子补课。所谓有需求就有市场，因而各种各样的补习班如雨后春笋般涌现，孩子们每天除了上学，就是回家完成作业，还有很多孩子在忙碌完学校的课业之后，还要披星戴月去上各种补习班。不得不说，如今的孩子真的太累了，而且简直被压榨得没有童年了。

　　对于孩子而言，最重要的是什么？ 大概孩子处于学龄前，也许有很多父母都会回答健康成长。但是等到孩子真正到了上学的年龄，或者到了快要上学的年龄，很多父母就无法做到那么淡定了。他们想方设法给孩子多报补习班，只想让孩子不但赢在起跑线上，而且能够拼尽全力起飞，把其他孩子都远远地甩在身后。殊不知，心理学家早就经过研究发现，大多数孩子的先天条件相差无几，之所以有孩子拥有成功的人生，而有的孩子总是与失败结缘，关键在于他们是否具有坚韧不拔的优秀品质，是否能够在人生中拼尽全力去拼搏。唯有拥有百折不挠的精神和绝不服输的勇气，孩子才能在人生道路上走得更远，也更接近于成功。而不是大人们所认为的，补习班上得越多，孩子就越优秀。所以父母们要意识到，人生是一场马拉松比赛，而不是短短的百米赛跑，对于孩子而言在起跑线上是成功还是落后都不重要，重要的是他是否有毅力和决心到达终点。

　　前几天，中国极限第一人参加了国际性极限挑战比赛，要在规定时间内通过长达240千米的极限路线。在比赛的前半段，他一直很顺利，但是在最后的几千米却意外受伤，导致腿脚不灵便。即便如此，他也没有放弃比赛，而是继续带着伤痛坚持走到了终点。不得不说，这才是真正的体育

精神，这才是真正的人生强者。看到这里，明智的父母一定知道，对于孩子的成长而言，最好的礼物不是给孩子压力，而是让孩子拥有好心态，理智从容地面对人生。

6．你能坚持不给老师送礼吗

一直以来，妈妈从未给老师送过礼，只有到了教师节等节日，才会让孩子带着巧克力、鲜花等象征性的礼物送给老师，聊表心意。从乐乐的反馈情况来看，老师还是很喜欢乐乐，并且也经常表扬乐乐。为此，妈妈也就继续心安理得地遵从本心，享受这种不需要送礼的日子。然而，自从上次乐乐因为老师的不公平与老师发生冲突，后来又导致矛盾不断升级，还冲动地骂了老师之后，妈妈心里就不踏实了，总觉得老师故意针对乐乐，甚至给乐乐"穿小鞋"。思来想去，妈妈想到是否应该给老师送礼，还就此咨询了一位当老师的朋友。

朋友听了妈妈的讲述，说："其实，你也没有必要把老师想的那么神圣，老师也是人，也有七情六欲、喜怒哀乐。就像你一样，如果别人给你送个礼物，你必然会对别人产生好感。但你也不要把送礼这件事情想的那么严重，说白了与老师沟通一下感情，就像朋友间的交往一样，完全与贿赂无关。"朋友的一番话解开了妈妈的心结，此前妈妈一直把给老师送礼这件事情看得如同贿赂一样，等到心里真正变得轻松了，也就不觉得那么纠结了，而送礼也就变得更轻松，和老师之间的关系也亲密起来。

很多时候，父母之所以对是否给老师送礼这件事情看得特别严重，就是因为父母心里把这件事情看得太重。作为当事人和决策者，如果能以轻松的心态对待这件事，则结果就会轻松很多。实际上，父母是孩子休闲时间的监护人，老师是孩子在校期间的监护人，父母与老师之间原本就应该密切合作，保持愉快的关系。这样想来，把老师当成朋友又何尝不可呢？当然，在送礼之前父母一定要摆正心态，不要觉得自己是在贿赂老师，这样老师也会觉得压力山大。

当然，如果父母坚持不愿意送礼物给老师也无可厚非，毕竟老师的工作就是教孩子，所以对于老师而言，在工作时间内对孩子的付出也是理所当然的。但是，不管是否给老师送礼，有一点都必须牢记，那就是必须尊重老师。

> 中国的传统就是尊师重教，作为孩子的父母，更应该尊重辛苦教授孩子的老师，这样才能与老师之间建立良好的关系。

提起孩子的教育，相信很多父母都会情不自禁地皱起眉头，因为孩子的教育问题实在是千头万绪，似乎永远也理不出头绪来。而且，孩子的教育问题并非是单纯的问题，还会牵扯到很多方面。细心的父母会发现，不管自己从事什么工作，是否有钱或有权，只要到老师面前，都变得毫无脾气，为什么呢？因为老师管着孩子啊，甚至在某种程度上决定了孩子学习成绩的好坏和学习的状态。所以，如何与老师搞好关系，也成为父母们最关心的问题。提到关系，很多父母都会第一时间想到"礼物"。的确，中国人崇尚礼尚往来，要想与一个人套近乎，最好的方式就是送礼，如此一来二去，彼此间的关系自然熟悉起来，也会更加相互了解，增进感情。

既然送礼的作用如此神奇，那么面对老师，父母应该送还是不送呢？这是个难题。很多家庭经济条件比较好，给老师送礼就没有那么纠结，总

之与老师套近乎对孩子是没有坏处的。但有的家庭中，经济条件比较差，因而对于是否送礼这件事情就会想得比较多。好不容易下定决心不送礼，看到别人家都送礼，就会觉得心里不踏实，而如果想好了要送礼，又会因为送多少礼或者送什么礼而发愁。很多人选择送购物卡，这当然是个很好的选择，但是购物卡也有一个弊端，那就是几百块钱的拿不出手，成千上万的送不起。总而言之，送不送礼都是一个两难的选择。既然如此，我们就把送什么先抛在一边，来认真想一想是否送礼，或者不送礼是否可行。

如今，国家推行义务教育政策，适龄儿童都有机会上学，这就决定了不管父母是否给老师送礼，孩子都有学上。所以从这个角度而言，父母对于是否给老师送礼的事情也无须过于纠结，送了就当联络感情也无可厚非，不送也无须有过重的心理负担。但是在如今的大势所趋下，如果始终坚定地不给老师送礼，的确是需要一定定力的。

当父母决定给老师送礼，一定要注意避开孩子。哪怕送礼是因为有求于老师，动机纯粹，而不是为了讨好老师，但是还是要以尽量不被孩子知道为好。毕竟孩子年龄小，理解能力有限，并不能很好地面对给老师送礼这件事。一旦孩子把事情想偏了，就会影响老师与孩子之间的关系，也会影响孩子的学习。总而言之，当事关孩子的教育，而且事关主管孩子教育的老师，父母一定要谨慎处理，无论如何都要处理好与老师之间的关系，这样才能保持和老师的关系融洽，也有利于孩子在校期间学习活动的展开。

7. 作业不是万恶之源

直到朱朱读初中,妈妈才发现在对朱朱的教育问题上犯了一个严重的错误,那就是盲目崇尚快乐教育,而忽略了培养朱朱写作业的能力。看到这里,也许有很多父母都会觉得好笑:从什么时候开始,写作业也变成一种能力了呢?没错,写作业就是一种能力,而且是如今的孩子在巨大的课业压力下不得不具备的能力。

回想起整个小学阶段,朱朱都过得非常快乐,他从未像其他孩子那样每天应付完学校的学习,还要四处奔波上课,每天写完学校的功课,还要再做校外的功课。朱朱除了完成学校的作业,保证在学校里的学习成绩说得过去之外,就是与爸爸妈妈四处旅游,吃喝玩乐。这是因为爸爸妈妈始终坚信,对于孩子而言,一定要拥有快乐的童年,才具有可持续发展的能力。因此爸爸妈妈坚持对朱朱开展快乐教育,而不愿意束缚和禁锢朱朱。殊不知,正是在朱朱快乐玩耍的过程中,其他孩子看似为了应付繁重的作业而费尽辛苦,却也同时培养了完成作业的超强能力。等到了初中之后,妈妈才发现朱朱缺乏写作业的能力,曾经被他们全家人深恶痛绝、觉得浪费孩子宝贵时间和精力的作业,成为朱朱最大的障碍。当其他孩子轻轻松松就完成了繁重的作业,朱朱却不管怎么努力,都无法在规定时间内完成作业。为此,爸爸妈妈只好一起上阵,帮助朱朱渡过难关。爸爸帮助朱朱整理写作业的资料,妈妈在朱朱实在分身乏术的情况下,模仿朱朱的笔迹代朱朱完成作业。例如,老师要求会背诵且会默写的课文,妈妈会在检查朱朱的确已经掌握的情况下，帮助朱朱抄写。如此半年多时间过去，朱朱才渐渐适应学校里的学习节奏，学习成绩也才渐渐有所提升。

> 很多父母都对写作业深恶痛绝，认为是作业剥夺了孩子快乐的童年，实际上，作业并非万恶之源。如果作为父母能够调整好心态，在面对孩子的学习时不要那么急功近利，那么孩子就能按照内心的节奏，循序渐进地计划和安排好学习活动，在学习上也能事半功倍，效率倍增。

如今虽然提倡素质教育，在大城市里，孩子甚至下午早早地就放学了，但是孩子的负担实际上并没有减少，大多数学校和老师都会布置很多作业给孩子，相当一部分父母也会给孩子报名参加各种各样的补习班。这样一来，孩子非但不会轻松，反而压力更大。为此，很多父母看到孩子每天都辛苦地写作业，因而都把作业视为万恶之源，抱怨孩子作业太多，或者课程压力太大。实际上，教育系统一直在喊减负，到底是谁给孩子背负上这么沉重的负担的呢？教育的压力固然是一方面，实际上，大多数父母都患上了严重的教育焦虑症，这才是问题的症结所在。如今，随便去一所学校找一个孩子问问，低年级的孩子至少报三四个课外班，中高年级的孩子甚至有报十个课外班的。可想而知，孩子也是人，还是一个没有成年的人，而不是神仙，不可能完全保质保量地完成这么多事情。

很多父母习惯于成为孩子的监工，不管孩子做什么，父母都会紧紧盯着孩子，以便及时检查孩子写作业的进展情况。父母却不知道，孩子不喜欢这种背上长着眼睛的感觉，随着不断地成长，孩子必然越来越崇尚自由。明智的父母会懂得给孩子留下足够的空间，从而让孩子有更多的选择余地，也能够自主地安排自己。这样一来，父母与孩子之间的关系就不会因为学习而变得紧张。反而，孩子在感受到父母的尊重、理解与爱之后，还会更加信任父母，也能摆正心态，积极而又理性地完成作业。

8．有多少父母迷信延迟满足

豆米一岁半时，妈妈无意间了解到延迟满足的概念，也意识到具有延迟满足能力的孩子往往有更大的成就，因而决定对豆米进行延迟满足。例如每次豆米感到饿的时候，妈妈不会第一时间就给豆米吃饭，而是会让豆米等一等。日久天长，豆米总是处于饿的状态，小小年纪的她又不知道只要等待就会有食物，而误以为没有食物可以食用，因而精神上特别紧张，甚至一看到食物完全控制不住自己，哪怕吃饱了也会继续吃。

看到豆米把自己撑得小肚子圆溜溜的，妈妈很担心，甚至怀疑豆米患上了贪食症，因而赶紧带着豆米去医院看医生。医生经过一番检查，判断豆米的身体非常健康，因而建议妈妈带着豆米去看心理医生。妈妈很惊讶：这么小的孩子就会有心理问题吗？医生笑了，说："人，只要是有情感和情绪体验能力，有思维能力，就会有各种各样的心理问题，只不过有些人的心理问题表现得比较明显，而有些人的心理问题则表现得没有那么明显而已。"妈妈也没有更好的办法，只好带着豆米去看心理医生。在得知妈妈在对豆米进行延迟满足的训练时，心理医生一下子找到了问题的症结所在。心理医生批评妈妈："孩子才一岁多，正处于生理需求占主要的阶段，你这样盲目地延迟孩子进食的方式，不但不能起到训练孩子延迟满足的能力，反而会导致孩子因为进食需求无法得到满足，因而陷入巨大的恐慌之

中。"妈妈一听到问题这么严重，不由得懊悔万分。心理医生继续对妈妈说："作为父母，不要迷信延迟满足的能力，更不要盲目对孩子进行延迟满足的训练。孩子还小，需要依赖父母才能更好地成长，所以父母必须要多多学习，更要了解孩子的身心发展规律。"

在心理医生的建议下，妈妈改变了对待豆米的方式，只要豆米有任何需要，妈妈都会第一时间满足豆米，而且为了让豆米不再因为饿而感到恐慌，妈妈还给了豆米充足的食物，允许豆米在任何需要的时候吃美味可口的食物。几个月过去，豆米对于食物终于不那么迫切渴望了，食物的摄入量也回归到正常水平，妈妈这才放下心来。

> 孩子虽然小，但是对于外界的一切都是有感知的，也会因为外界环境的不同而调整自己，以便更好地适应外界各种条件。对于年幼的孩子而言，他们正处于缺乏安全感且需要建立安全感的特殊阶段，而父母作为孩子唯一可以依靠和值得信赖的人，必须给予孩子充分的满足，这样孩子的身心发展才能正常进行。

否则，如果孩子连基本的吃喝拉撒等生理需求都无法得到满足，又如何能够在心灵上获得充实，在感情上得到满足呢？无论父母对孩子将要采取怎样的教养方式，让孩子满足，都是推动教育顺利进行的必须和先决条件。

所谓延迟满足，从心理学的角度来说，就是为了获得更长远、更有价值的结果，而选择控制自己的欲望、延缓时间满足自身欲望的行为。对于孩子而言，要想实现延迟满足，就要具有很强的自控能力。也有心理学家经过研究证实，能够延迟满足的孩子，往往长大之后会更有自控力和自律力，因而人生也有会更好的发展和收获。然而，作为父母，也不能完全迷信延迟满足的作用，否则就会被延迟满足所误导，一味地压制孩子的欲望，使得孩子内心无法获得满足，导致精神紧张，进而引发一系列的身心方面的问题。

常言道，凡事皆有度，过犹则不及。父母在对孩子开展延迟满足时，一定要把握好合适的度。过快地满足孩子的欲望，让孩子觉得自己的所有心愿都能实现，所有愿望都应该被满足，这当然是不可取的。然而，如果把时间拖延太长，导致孩子的愿望始终无法得到满足，那么时间久了，对于孩子的自信心也是严重的打击。

父母需要注意的是，对于婴儿期的孩子，不要盲目进行延迟满足的训练。因为在零～三岁期间，孩子正处于形成安全感的重要阶段，一旦感受不到父母的爱与关照，他们就会焦虑不安，甚至怀疑自己被父母抛弃了。实际上，从帮助孩子建立安全感，促进孩子心理和感情健康发育的角度而言，父母无论怎样宠溺婴儿期的孩子都是不为过的，否则就会导致婴儿产生心理创伤，甚至影响他们的一生。对于想要培养孩子延迟满足能力的父母而言，最好在孩子三岁之后进行。这是因为三岁的孩子才能与成人相对容易地沟通，也能理解成年人所表达的意思。此外，即使到了三岁之后，当孩子状态不好时，父母也不要盲目对孩子进行延迟满足的训练。举例而言，如果孩子这一天刚好生病了，而且内心焦虑不安，很需要爸爸妈妈的温暖怀抱和细心照顾，这种情况下对孩子进行延迟满足训练会有什么后果呢？孩子一定会内心紧张，也会因为心情变得更恶劣，而使得病情加重。总而言之，孩子正处于身心快速发展的重要阶段，在此期间，父母一定要用心呵护孩子稚嫩的心灵，更要尊重孩子的成长规律，不盲目地使用延迟满足训练法，以免给孩子造成伤害。

后记：每个孩子都会带给你全新的体验

很多人想当然地认为，只要养育过一个孩子，那么再有第二个孩子时，教养就会变得非常简单且容易。殊不知，现实并非如此。这是因为，每个孩子都是完全不同的生命个体，也都是这个世界上独一无二的存在，即使他们来自同一个母亲的子宫，他们也是那么的迥然不同。在这种情况下，别说是照搬别人家孩子的父母的成功经验了，就算是自己家孩子的成功经验也无法套用到老二或者老三身上。这就注定了父母是需要终身学习才能做好的伟大事业，也因为孩子几乎每时每刻都处于发展和变化之中，所以父母这份职业还需要日日常新，与"孩"俱进。

作为父母，任何时候都不要抱怨孩子不够完美或者过于顽劣，要知道，孩子来到人世间时都是完美无瑕的小天使，就像一张纯洁的白纸，是因为后来的着色才变得不同。从某种意义上而言，孩子从呱呱坠地到长大成人期间，父母都是为他们着色的人，也是引导他们不断成长、坚持进步的人。

意大利著名的教育家玛利娅·蒙台梭利曾经说过，儿童是成年人之父，是儿童指引成年人找回那个纯真无瑕、接近生命本相的自己。所以，父母不应该抱怨儿童多么顽劣，经常惹麻烦，而应该感谢儿童把自己带回已经消逝的童真时代，也让自己再次体验到赤子之心。

每个孩子都会带给父母全新的体验，所以父母要做的不是把孩子变得如同一个模子刻出来的那样，而是要让每个孩子都成为自己本该成为的样子。记住，作为父母，唯有尊重孩子，尊重生命的内在规律和节奏，才能给孩子充满爱与自由的环境，让孩子带着灵性和创意，活出别样的精彩。哪怕父母有再大的心愿没有完成，也必须给予孩子独立成长的空间，而不要把孩子作为自己生命的延续和命运的使者。也许孩子未来的人生会不如你的人生，或者孩子比父母饱尝更多的艰辛，但这些都是属于孩子的生命体验，是任何人都无法替代的。在孩子渐渐成长的过程中，明智的父母会体面地退场，给予孩子自由翱翔的天地，也满怀祝福地期盼着孩子活得与众不同，尽情尽兴！